131 expressionistische Gedichte

131
expressionistische Gedichte

Herausgegeben von
Peter Rühmkorf

Verlag Klaus Wagenbach Berlin

Zu den Abbildungen:
Frontispiz: Erich Mendelssohn, Einsteinturm in Potsdam. 1917/21. – Seite 19: Ernst Ludwig Kirchner, Varieté. 1907. – Seite 29 (Georg Heym): Radierung von Ernst Ludwig Kirchner. – Seite 45: Franz Werfel und Alma Mahler-Werfel (Bildarchiv Preußischer Kulturbesitz). – Seite 51 (Ernst Blass): Zeichnung von Benedikt Fred Dolbin (Schiller-Nationalmuseum, Marbach). – Seite 55: Zeichnung von George Grosz. 1917. – Seite 95 (Johannes R. Becher): Schiller-Nationalmuseum, Marbach. – Seite 103 (Paul Zech): Bildarchiv Preußischer Kulturbesitz. – Seite 107 (Alfred Wolfenstein): Zeichnung von Ludwig Meidner. – Seite 111 (Max Herrmann-Neisse): Schiller Nationalmuseum, Marbach. – Seite 115: Max Herrmann-Neisse (links) in seinem Schauspiel ›Albine und Aujust‹. 1919. – Seite 117 (Oskar Loerke): Schiller-Nationalmuseum, Marbach. – Seite 123 (Ernst Wilhelm Lotz): Zeichnung von Ludwig Meidner. – Seite 127: Szenenbilder aus dem Film ›Das Cabinet des Dr. Caligari‹ (1919). – Seite 129: Claire und Yvan Goll (Bildarchiv Preußischer Kulturbesitz). – Seite 133: Ein Scherzfoto vom Wiener Prater – Franz Kafka (links) und Albert Ehrenstein (rechts). – Seite 137: ›Selbstmörder auf der Brücke‹, Zeichnung von Paul Klee. 1913.

Wagenbachs Taschenbuch 220
Neuausgabe

Umschlaggestaltung Rainer Groothuis unter Verwendung des Gemäldes *Drei Akte im Wald* von Ernst Ludwig Kirchner.
Das Karnickel auf Seite 1 zeichnete Horst Rudolph.
Druck und Bindung Druckerei Wagner, Nördlingen

ISBN 3 8031 2220 1

Inhalt

Vorwort

Wie steht der Expressionismus heute eigentlich da, wie sieht er uns an? Bloß historisch? Wenn man der kaum noch von einer Person zu überblickenden Fülle der wissenschaftlichen Eröffnungen, Bilanzen, Epochendarstellungen, Einzeluntersuchungen, kritischen Werkausgaben und bestens durchbibliographierten Materialsammlungen trauen wollte, müßte man ihn eigentlich für einen klassischen Fall erklären. Angesichts der literarischen Kreationen selbst und ihrer bis heute kaum geminderten Anstoßkräfte, scheint es sich andererseits um ein hochaktiv gebliebenes Energiebündel zu handeln, das so leicht gar nicht zu neutralisieren ist.

Trotzdem möchten auch wir die in dieser Auswahl vereinigten Gedichte nicht bloß von sich aus wirken lassen, sondern ihnen neben einer Einführung noch eine Handvoll Einzelinterpretationen beigesellen. Die Überlegung dabei ist, daß eine neue Umstandsbestimmung der Zeit uns den Expressionismus gar nicht unbedingt entrücken muß, ja, daß sich unter einem gewissen Gesichtswinkel vielleicht sogar eine Art von heimlicher Zeitgenossenschaft belegt. Was also war Expressionismus, an welche Produzenten war er gebunden, an welche überpersonalen Prägestöcke wieder diese, das sind so Fragen, die einer Lesegesellschaft, der das Verhältnis von sozialem Druck und künstlerischem Ausdruck neu problematisch geworden ist, nicht ganz gleichgültig sein dürften.

Es ist freilich schon eine ältere Entdeckung der Wissenschaft, daß das sogenannte »expressionistische Jahrzehnt« (was die Jahre zwischen 1910 und 1920 meint) gar nicht dies stilistische, beziehungsweise genossenschaftliche Kontinuum war, für das es lange gehalten wurde. Auf ihre Grundstimmungen, Tendenzen und Ausdrucksweisen befragt, gliedert sich die expressionistische Bewegung vielmehr in drei qualitativ voneinander zu unterscheidende Etappen: 1.) die stilprägenden Aufbruchsjahre zwischen 1909 und 1914, 2.) die Zeit des ersten Weltkrieges, die das bishin unklare Krisenbewußtsein zu harten Gewissensentscheidungen drängte und 3.) die Nachkriegsära mit ihren offen sozialrevolutionären Veränderungsideen und Neuschöpfungsphantasien.

Daß uns in unseren Zusammenhängen vor allem der erste Schub beschäftigen soll, hat dabei nichts mit Tendenzwende oder politischer Enthaltsamkeit zu tun. Da wir es hier nicht bloß auf Lesestoff im allgemeinen, sondern auf lebendig gebliebene Verbindlichkeiten abgesehen haben, müssen Kriegs- und Nachkriegsdichtung notwendig etwas außen vor bleiben. Denn wie problematisch der Zustand unserer gegenwärtigen Gesellschaft immer sein mag, er heißt für uns doch nicht Krieg und auch nicht mehr Nachkrieg; eher ließe sich wohl von Ruhestandsverhältnissen sprechen, mühselig ausbalancierten, in die bereits das tägliche TV-Wetterleuchten einfällt wie die Vorausahnung unabwendlich nahender Bodenbeben und sozialer Weltumwälzungen.

Wenden wir uns also jenem Jahrfünft zwischen 1909 und 1914 zu, einer sich in trügerischem Frieden wiegenden Vorkriegszeit, die sich als solche allerdings noch nicht reflektieren konnte. Da die Literatur der Zeit dennoch Unwettervorhersagen und Katastrophenmeldungen die Menge verzeichnet, haben sich in die posthumen Deutungen immer wieder gewisse Mystifikationen eingeschlichen, die aus finsteren Bedrängungen und endzeitlichen Gemütsverstimmungen so etwas wie telepathische Fähigkeiten herauslesen wollten. Alles, was sich im Nachhinein leicht als prophetische Vorausschau bezeichnen läßt, ständig sich jagende und potenzierende Bilder des Ausgeliefertseins und des Persönlichkeitsverlustes, wiesen aber im Grunde gar nicht voraus, sondern stellten nur fest: den Widerspruch zwischen der rasanten Entwicklung aller möglichen Produktionsmittel *und* einer ebenso energischen Strangulation der frisch geweckten Freiheitsbegehren und Emanzipationsgelüste.

Eine Beobachtung, die ebenfalls etwas Enttäuschendes haben mag, ist der statistisch eindeutige Sachverhalt, daß Expressionismus nicht eigentlich von den Ballungsgebieten der Entfremdung und nicht von der sozialen Basis her operierte – er operierte überhaupt nicht, er formulierte und drückte nur aus, und zwar die seelischen Spannungen und Irritationen, die sich im obersten Dachgestühl des bürgerlichen Überbaus gebildet hatten. Nahezu ausnahmslos entstammten die jungen Gewitterkundler des literarischen Expressionismus jenem vergleichsweise propper situierten Mittelstand, für den

Entfremdung eigentlich gar kein Thema war und der die wieder und wieder angezeigte Depersonalisation noch nicht einmal vom Hörensagen her hätte kennen dürfen.
Um jedem sozialidealistischen Wunschdenken von vornherein den Baugrund zu entziehen, wollen wir auch sofort einen kurzen Blick in die Familienalben werfen. Kleine Fabrikanten also die Väter von Franz Werfel und Alfred Lichtenstein – aber auch von Karl Kraus und Bertolt Brecht, wenn man den Kreis der Anteilnehmenden nur um ein weniges erweitert. Kaufmannskinder sodann Theodor Däubler und Ernst Toller, aber auch Georg Trakl und Max Hermann-Neiße. Als Bankierstochter glänzend Else Lasker-Schueler. Juristenväter, allesamt gehobene Abteilung, bei Jakob van Hoddis, Georg Stadler, Georg Heym und Johannes Robert Becher. Der Vater Hasenclevers war Arzt, Paul Zechs Vater Lehrer, Wilhelm Klemm war Sohn eines Buchhändlers, und in Gottfried Benn repräsentierte sich, in jeder Hinsicht demonstrativ, das protestantische Pfarrhaus.
Würden wir gar noch die Elternhäuser der malenden, komponierenden und Dramen und Romane schreibenden Generationsgenossen hinzurechnen, stünde mittelständisches und Kleinbürgertum als ein geschlossener Beweisblock gegen jede Vermutung, daß der Expressionismus andere als die internen Spannungen der eigenen Mittelklasse ausgetragen hätte. Der immer gern mit in die Palette einbezogene Gerrit Engelke war ein bedeutender Dichter, aber eben kein Expressionist, und die Arbeiterkinder Kurt Heynicke und Karl Otten verloren durch die Berührung mit dem Expressionismus gerade den Zusammenhang mit ihrer eigenen Klasse, ohne den modernen Ausdrucksstil durch individuelle Abweichungen zu bereichern. Bleibt immerhin die Frage: warum um alles in der Welt diese so plötzliche und kollektive Produktion von Angsterscheinungen und woher die Äußerungen, leidensvolle oder haßbetonte, einer beinah anomalen Wetterfühligkeit.

Bedauerlicherweise scheint der von sozialkundlicher Warte aus gern ins Treffen geführte Begriff »Zeitalter des Imperialismus« ein allzu raumgreifendes Passepartout, um die von uns verhandelten Gegenstände faßbar zu machen. Aufschlußreicher scheint mir da schon, daß das vehemente

Voran der Maschinen und Instrumente den sozialen Fortschritt vorerst nur erahnen ließ, weil die Gesellschaftsinhaber gar nicht daran dachten, Gewinn und Freiheitsgewinn mit den unteren Klassen zu teilen. Vielmehr wurde das Vordringen sozialistischer oder auch nur sozialer Ideen durchweg mit hinhaltenden, ausweichenden und abwiegelnden Maßnahmen beantwortet, ein konterrevolutionärer Prozeß, in dem nun gerade die Mittelklasse zu einer Dämmschicht ganz besonderer Art zurechtgeknetet wurde. Der zur Aufrechterhaltung höchst kaiserlicher und hoch kapitalistischer Ordnungsprinzipien ausgebildete Beamtenapparat wurde durch neue Gesetzgebungen fester denn je in Loyalität genommen. Dem durch ein bißchen Presse und etwas Bücherliberalität geschürten Demokratieverlangen wurde auf dem Verwaltungsweg mit adstringierenden Eingriffen begegnet. Vor allem wurden aber die Ausbildungsinstitute, Schulen, Gymnasien, Internate und Universitäten zu wahrhaftigen Überbaubastionen des Bestehenden verfestigt: Subordinationslehrstätten und Untertanenpressen auf der unteren, Zulieferungsbetriebe für Wirtschaft und Administration auf der höheren Ebene. Die solchermaßen amtlich beförderte Illiberalität und das mit allen staatlichen Lehrmitteln propagierte Obrigkeitsprinzip setzten sich allerdings auch in dem verläßlichsten Herrschaftsraum des Konservatismus fort, in der bürgerlichen Familie, jede eine kleine Monarchie für sich mit einem kaum erschütterbaren Vater-Kaisertum an der Spitze. Der Oedipuskomplex, den man so gern für eine Entdeckung des naturwissenschaftlich progredierenden Zeitalters hält, war insofern zunächst einmal ein Sozialprodukt, wie die Vater-Sohn-Problematik keineswegs bloß ein literarisch ausgebeutetes Motiv war, sondern eine Ausgeburt von neuen familiären Binnenspannungen.

Wer die Familiengeschichten der expressionistischen Dichter im einzelnen studiert, der gewinnt aus der Fülle scheinbar abwegiger Problemfälle sehr wohl so etwas wie einen schichtenspezifischen Krisenbefund der Epoche. Von Georg Heym ist bekannt, daß er durch väterlich-militäranwaltliches Dekret auf ein Provinzgymnasium verbannt wurde; nicht der einzige Grund für den lebenslang gedeckelten Poeten, in sein Tagebuch zu notieren: »Ich wäre einer der größten Dichter geworden, wenn ich nicht einen solchen schweinernen Vater gehabt hätte. In einer Zeit, wo mir verständige Pflege nötig war, mußte ich alle Kraft aufwenden, um diesen Schuft von mir fernzuhalten.« Über Walter Hasenclevers Vater berichtet der Hausarzt der Familie: »Der Vater ist ein körperlich gesunder, kräftiger Mann mit krankhaftem Eigensinn und von einem fanatischen Haß gegen alles Moderne in der Kunst und Wissenschaft erfüllt ... dabei pedantisch streng und rücksichtslos; bewußte Unterdrückung der Entwicklung jeder Eigenart in dem Sohn, bewußte Demütigung des Sohnes bei jeder Gelegenheit.« Nicht viel anders wird die Konfliktlage im Elternhaus des Johannes Robert Becher gewesen sein, von dem Kasimir Edschmid schreibt: »Ich kannte J. R. Becher aus dem Café Stefanie seit meiner Studentenzeit. Er hatte, um interne Familienkomplexe und -konflikte abzureagieren, ein sehr junges Mädchen im Bett erschossen und sich dann selbst zwei Kugeln in die Brust gejagt, dicht neben das Herz. Zufällig starb er nicht.« Über Gottfried Benns Verhältnis zu seinem Vater vermerkt Thilo Koch in einer biografischen Skizze: »Er hat es mir noch selbst erzählt, wie er den Vater haßte, weil der es untersagte, daß die Mutter Linderungsmittel bekam. Sie litt an Brustkrebs und hatte entsetzliche Schmerzen. Sie rief ihren Sohn zu sich: Gottfried, du bist jetzt Arzt, du mußt mir helfen. Er konnte nicht helfen, und er durfte nicht lindern.« Im Hause Trakl mögen die Probleme eine etwas andere Färbung gehabt haben, weil der Vater schon sehr früh verstarb und offensichtlich hier die Mutter die dominierende Figur war. Laut Auskunft des Biographen Otto Basil gestand Trakl aber »dem Freunde Ludwig von Ficker einmal, er habe bisweilen die Mutter so gehaßt, daß er sie mit eigenen Händen hätte ermorden mögen.«

Ich erwähne diese vielleicht beunruhigenden Sachverhalte nicht, um uns den Geschmack an der ganzen Richtung zu verderben, sondern um auf ein Bebengebiet von besonderer Eigenart hinzuweisen. Bezeichnenderweise war nicht einmal das sogenannte Bildungsprivileg dazu angetan, den Bürgerkindern neue Freiheitsspielräume zu eröffnen. Wer den sozialen Aufstiegslinien des Zeitalters nachkommen wollte, hatte sich rechtzeitig auf das paradoxe Persönlichkeitsideal einer angepaßten Führungskraft einzurichten. Wen es nach oben zog, der mußte ins Korsett. Wer eigene Möglichkeiten zu entwickeln und vielleicht so etwas wie ein Individuum zu entfalten trachtete, hatte sich vor allem in Familiendisziplin und Schulräson zu fassen. So haben wir denn, bevor wir endlich zu dem vorstoßen können, was unter dem Namen Expressionismus einmal die Persönlichkeitsverbiegungen der gesamten Wilhelmsära denunzieren sollte, zunächst noch kurz die zahlreichen Doktorhüte Revue passieren zu lassen, die eben nicht nur Würde, sondern auch pflichtschuldigst bekundete Sohnestreue repräsentieren. Alles andere als lokkere Vögel, Gammler und Goldsucher, Ausbrecher und Tausendkünstler, notorische Bohèmiens oder verbummelte Studenten – bis auf den einen mit dem gleichnamigen Romantitel bekannt gewordenen Gustav Sack – schienen diese jungen Dichter nichts so gern wie die in sie gesetzten Elternhoffnungen bestätigen zu wollen, weshalb wir in der vordersten Reihe gleich so viele promovierte Leute sehen: den Herrn Doktor Hiller neben dem Herrn Doktor Benn, den Doktor Lichtenstein neben dem Doktor Wolfenstein, den Doktor Stramm neben dem Doktor Klemm und diesen wieder in einer alle stilistischen Persönlichkeitsmerkmale überbrückenden Eintracht neben den Doctores Goll und Stadler und Heym und Blass und Ehrenstein und Wegener.

Ein gewisses mittelständisches Bemühen, sich im Regelrahmen überkommener Ordnungen zu bewegen, scheint mir selbst dort noch ablesbar, wo man eigentlich meinen müßte, daß längst das Reich der individuellen Freiheit und der ungezwungenen Persönlichkeitsbekundung begonnen hätte: in den Gefilden der Poesie. Mustert man die Versbücher der Wortführer und Stilpräger aber einmal durch, so überrascht vor allem dieser scheinbar ungebrochene Respekt vor der herkömmlichen Vierzeilerstrophe, dem traditionellen Terzinengefüge, der engen und von Neoklassizismus und Neuromantik bereits reichlich durchgeklöppelten Sonettenform. Allerdings – und hier darf uns der erste Blick auf keinen Fall zu voreiligen Urteilen verführen – was wie Unterordnung aussieht, knistert bedrohlich von innen her und was sich so brav in konventionelle Vierzeilerkästen fügt, sind gewittrige Wut und hochexplosible Reizbarkeit.

Von einer irgendwie wiedergewonnenen harmonischen Subjektivität kann bei diesen seltsamen Angespanntheiten dennoch nicht die Rede sein. Gleichwohl ist der im Irrtum, der meint, daß Hörigkeit und Ungehörigkeit, Gesetzestreue und die ungebärdige Lust am Gesetzesbruch immer als klare Gegensätze zu Tage träten. Wer sich auf Expressionismus einläßt, muß vielmehr gewärtig sein, daß all diese furiosen Angriffe auf die Vaterwelt, tyrannische Patrone, sadistische Lehrer und professorale Unduldsamkeit auch das eigene Über-Ich mit erfassen und daß der Versuch, den alten bürgerlichen Adam abzustreifen, das ganze Ich in der Mitte auseinanderreißt.

Das offenbart sich besonders kraß und leidig dort, wo immer noch die strengsten Binnennormen herrschen, auf dem Gebiet des Sexuellen. Hier scheinen Tabuverstöße und demonstrative Regelverletzungen fast zwangsläufig von den Geierfittichen des schlechten Gewissens überschattet. Entblößungs-, Befriedigungs- und Entlastungsvorstellungen münden unversehens und notwendig in Ekelphantasien und Depressionsverstimmungen ein. Dirnenromantik, schön und gut, die hatte es auch schon vor dem Expressionismus gegeben, und sie hatte sich während des Fin de siècle beinah schon zu einer netten Konvention entwickelt –: jetzt legte sich plötzlich der Meltau des Schuldbewußtseins auf die eben noch so unbefangen exerzierten Laszivitäten, und kaum noch für richtig frivol erachtete Gegenstände gerieten in ein völlig neues Sündenlicht. August Stramms berühmtes »Freudenhaus« zum Beispiel (»Die Seuche spreitet an der Tür«, »Schamzerpört verkriecht sich das Geschlecht«) – wie steht es doch selbst von Scham zerfressen neben den, sagen wir nur einmal, Freimütigkeiten eines »Prinzen Kuckuck«.

Beziehungsweise Albert Ehrensteins »Warum?« (»Samen eitert zur Euterbrust/Nasser Schraubstock wird zur Lust«) – wie viele innere Sittenrichter trennen diese neueste Stimmung im Südosten von dem keckernden Hurentreiben beispielsweise im »Gastfreien Pastor«. Oder schließlich der gewiß nicht für zimperlich geltende Gottfried Benn (»Schlamme den grauenvollen Unterleib,/die fratzenhafte Spalte, die Behaarung,/den Rumpf, das Leibgesicht, das Afternahe,/das sich im Dunkel vorfühlt,/über meinen«) – welcher morallastige

Huckauf rückt da eigentlich dem guten alten Hedonismus auf die Pelle? Es kann ja das Geschlechtliche, es kann die Nacktheit, die Frau, das Mädchen gar nicht mehr wahrgenommen werden, ohne daß sich die düstersten neuviktorianischen Verfolgerschatten über unschuldige Schäferszenen senken oder daß ein beschworenes Wunschbild-Weibsbild von einer inneren Zensurinstanz zur Wasserleiche eingeschwärzt wird.

Tun wir dem Expressionismus mit solchen Deutungen Unrecht? Gewiß, und sogar sehr heftig. Diese bislang nie recht erkannten Tendenzen der heimlichen Selbstbestrafung/Selbstkasteiung gehören zwar zu den gar nicht ernst genug zu nehmenden Charakterzügen eines äußeren und inneren Zwangssystems; es ist aber Expressionismus nun einmal nicht der unbeschadete Ausdruck eines repressionsfreien Daseins, sondern – und hier wird es ernst, hier wird es kritisch – der blutige Beleg für eine sonst oft ziemlich graue Widerspiegelungstheorie.
Wenn es jemals in Literatur eine ganz und gar schonungslose, eine unerbittlich naturgetreue Widerspiegelung von objektiven Tatsachen gegeben hat, wozu freilich auch die persönlichkeitsspaltenden Widersprüche einer Gesellschaft gehören, dann hier, wo die Kunst direkt zum Medium sozialer und seelischer Verwerfungen wird und jeder Schritt in die eigene Düsternis hinein noch Wahrheitsgewinn bedeutet. Um an dieser Stelle nur ja nicht den Irrtum aufkommen zu lassen, wir hielten es mit dem Expressionismus malso-malso, also im ganzen ambivalent. Unbesehen seiner gewiß begrenzten Einsichtsmöglichkeiten in das eigene gesellschaftliche Gewordensein und ohngeachtet seiner analytische Schwerfälligkeit, offenbart sich in der kraß zur Schau getragenen Entstellung gleichzeitig die Erhellung, ergibt sich aus beinah ohnmächtigen Selbstentäußerungen ein Indizienbeweis gegen die Zeit. Ich möchte sogar noch einen Schritt weitergehen. Gerade dadurch, daß sich die expressionistischen Subjekte nicht klassisch abzuklären suchen, nie einfach außen vorbleiben, nie jenseits von Gut und Böse operieren, sondern mit allen Nervenfasern in ihre Gegenstände verstrickt sind, erscheint uns diese oft so verquälte Kunst so beispiellos vertrauenswürdig. Das wird am deutlichsten vielleicht dort, wo das Ich-persön-

lich zur Debatte steht, das heißt in diesem Fall zur ungeschützten Disposition. Jenseits jeder eitlen Selbstdarstellung oder Selbstüberhöhung (sieh auch Rilke: »Mach einen herrlich, Herr, mach einen groß«) gibt sich das Ich mitten in der heftigsten Selbstauseinandersetzung zu erkennen, krisengeschüttelt und scheinbar unansehnlich. Das Ringen zwischen Trieb-Ich und Über-Ich, Vitalgewalten und einem schier unabschüttelbaren Bewußtsein vollzieht sich sozusagen am lebenden Modell, wobei das Ich im vollen Doppelsinn zur dramatis persona wird: handelndes Subjekt sowohl wie passiv verhandeltes Objekt. In einem Gedicht des Jakob van Hoddis, dem Postscriptum zu einer kleinen Abhandlung »Von Mir und vom Ich« wird solch ein innerer Konkurrenzstreit offen ausgetragen – auf der Brettlbühne, was den Fall zunächst noch nicht so tragisch erscheinen läßt.

Das Ur-Ich und die Ich-Idee
Gingen selbander im grünen Klee;
Die Ich-Idee fiel hin ins Gras,
Das Ur-Ich wurde vor Schreck ganz blaß.
Da sprach das Ur- zur Ich-Idee:
»Was wandelst du im grünen Klee?«
Da sprach die Ich-Idee zum Ur-:
»Ich wandle nur auf einer Spur.« –
Da, Freunde, hub sich große Not:
Ich schlug mich gegenseitig tot.

Was sich hier ins Gewand einer Posse hüllt und eigentlich wie ein launiger Literatenscherz anmutet, hat immerhin mit einem Kampf auf Leben-und-Tod zu tun. Wo das Ideen-Ich sich an die Spuren des Trieb- oder Tiefen-Ich heftet und wo es *sein* will wie *ES*, dort ist am Ende gar kein Halten mehr und nur noch der Zerfall des Individuums zu konstatieren.
Andersherum gesagt, und das leitet nun sogleich zu weiteren Problemfällen über: Das um seine Selbstbehauptung ringende Unter-Ich, das sich über den Kopf zu verwirklichen sucht, ist immer in Gefahr, sich selbst zu enthaupten. Wie wenig es bei solchen inneren Prozessen um bloße erkenntnistheoretische Spekulationen geht, wird deutlich, wenn man noch einmal in einem Blick zurück die eingleisigen Bildungsgänge

dieser einseitig geschulten und in ihren Vitalantrieben behinderten Intellektualisten mustert. Im krassesten Sinne arbeitsteilig übertrainiert, schlägt der Versuch einer Emanzipation von Elementarbedürfnissen umgehend in Gehirntätigkeit und Gedankenarbeit um, eine wahrhaftige Daseinsparadoxie, in der der Kopf gleichzeitig als Antipode *und* als Austragungsorgan des Selbstbefreiungskampfes erscheint. Bei dem wenig bekannten und immer noch viel zu gering geachteten Paul Boldt, dessen Gedichtband »Junge Pferde! Junge Pferde!« früher einmal als ein Signal der ungebärdig vorpreschenden Naturanliegen verstanden wurde, finden sich gleichwohl die bedrückendsten Belege des unfreiwilligen Stupors, der Depression und des Ich-Verlustes.

Ich atme schlecht! Ich zucke
So an der Luft! Untätig.
Mir ist vom steten Drucke
Nicht mehr viel Ich vorrätig.

Bei Albert Ehrenstein und vor allem bei Gottfried Benn wird der Gegensatz von dumpfer Untätigkeit und rasender Gehirntätigkeit dann selbst zum immer wieder neuen Beweggrund rastloser Erörterungen und Selbstzweifel:

Ich grüße den Tod.
Denn Sein ist Gefängnis,
Im Hirn haust die Qual,
Das Auge verengt die Welt,
Und schlecht ist Geschlecht,
Es vermehrt sich.

Schön ist es, ein Skelett zu sein oder Sand
(Albert Ehrenstein)

Ein armer Hirnhund, schwer mit Gott behangen.
Ich bin der Stirn so satt. O ein Gerüste
von Blütenkolben löste sanft sie ab
und schwölle mit und schauerte und triefte.
(Gottfried Benn)

Die zwei Beispiele haben es in sich. Nicht weil, es sich etwa um einzelstehende Exzentrikakte handelte – solche saltomortalen Nummern sind im Expressionismus durchaus an der Tagesordnung – vielmehr weil sich die Ich-Zerörterung mit bestimmten Erlösungsvorstellungen verbindet, die eigentlich Auflösungsvorstellungen sind. Damit nähern wir uns über das Kenn- und Schlagwort Regression einem der anstößigsten Motive überhaupt, weil man in ihm den Glauben an jeden menschlichen Progreß und dann auch gleich das gesamte Prinzip Hoffnung verraten wähnt.

Obwohl ich nun selbstverständlich auch sehe, daß solche spasmolytischen Wunschbilder oder Rückwärtsutopien mit der Verdunkelung aller realen Perspektiven, ja mit einem Mangel an Fortschrittsvertrauen überhaupt zu tun haben, scheint mir das fordernde Verlangen nach progressiven Heilsentwürfen gerade in diesem Fall ziemlich unbillig. Ein document humaine so wohl wie ein document social, spricht es doch gerade *für* den Expressionismus, daß er den Glaubens-, Hoffnungs- und Heilsverlust des Bürgertums denunzierte und sich nicht einfach ein fremdes, das heißt ein falsches Bewußtsein aus dem Ärmel herauszauberte. Innere Wahrhaftigkeit, jedenfalls, kann sich sehr wohl in leidensvollen oder in ironisch überspielten Abgesängen bezeugen und sie muß es nicht unbedingt schon, wenn ein zerspelltes Individuum mit zusammengekniffenen Arschbacken proletarische Imperative exerziert.

Man sollte hier vielleicht noch etwas anderes anmerken. Was den Expressionismus lange Zeit zurecht als Krampf diskreditiert hat, war gar nicht so sehr der Ausdruck wirklicher, gesellschaftlich gewachsener Verkrampfungen. Erst der messianische Expressionismus, der aus der verkanteten Persönlichkeit eine Erlösungskerze zu drehen versuchte, produzierte dann jene künstlich »gesteilten« Formen, die mit der Wirklichkeit nicht mehr viel, die mit Kunst, Stil und Form aber überhaupt nichts mehr zu tun hatten. Wenden wir uns also noch einmal den bereits erwähnten Auflösungslüsten zu, die immerhin den Vorzug haben, in Kunst gefaßt zu Tage zu treten. Da sie phänomenologisch nicht immer auf einen Nenner zu bringen sind, möchten wir wenigstens auf einige ihrer dominierenden Leitmotive hinweisen. So kann sich die lust-

voll erlebte Ich-Zerlösung beispielsweise als Selbstentäußerung im Weinen zeigen (bei Else Lasker-Schüler, aber vor allem auch bei Werfel). Bei Ernst Wilhelm Lotz oder bei Ernst Stadler tritt sie eher als Reisesucht und herzerweichendes Fernweh in Erscheinung. Was sich bei Trakl im »sanften Wahnsinn« (durchaus glückhaft!) symbolisiert, das heißt bei Benn dann wieder »Ich-Zerfall« (»der süße, tiefersehnte«) oder auch »Ein Klümpchen Schleim in einem warmen Moor«. Für Ferdinand Hardekopf scheint Selbstauflösung in einem künstlichen Drogenhimmel durchaus eine Versuchung zu sein. Dem unglücklichen Albert Ehrenstein bedeutet das schmerzlose Versanden im Anorganischen bereits so etwas wie eine Hoffnung. Und bei Georg Heym, aber auch bei dem ähnlich kämpferisch strukturierten Johannes R. Becher versinnbildlicht sich das Ausbruchsverlangen oft genug in terroristischen Erlösungsvorstellungen: der Beschwörung krampflösender Kriege, Katastrophen oder Volksumwälzungen.
Von allen Regressions-Motiven das einzige wirklich schauderhafte scheint uns dabei gewiß die Vorstellung vom erlösenden Krieg. Sie gehört hier aber unbedingt mit in die Palette der Entspannungsphantasien und nicht, wie oft fälschlicherweise gemeint wird, zu den Schreckensvisionen. Schrecklich erschien in den Jahren vor dem Kriege nur die Lähmung. Als lebensbedrohlich wurde vornehmlich die Paralysierung aller vitalen Energien empfunden. Für unerträglich galt – und da drängen sich nun die Parallelen zu unserer aktuellen Gegenwart geradezu auf – der allgemeine gesellschaftliche Ruhestand. Die massive Kehrt- und Gegenwendung erfolgte dann tatsächlich erst unter dem Eindruck des Kriegsgeschehens – da aber war ein Teil der jungen Stürmer und Verdränger bereits vor Ypern oder bei Horodec gefallen.

Bleibt nachzutragen, was in Expressionismus-Untersuchungen sonst meist ganz vornean steht: die Entdeckung der Großstadt am Beginn unserer literarischen Moderne und mit ihr die Ausformung einer eigenen und von den Darstellungsweisen des Naturalismus gründlich abweichenden City-Poesie. Hier wäre allerdings anzumerken, daß die großen Städte ad infinitum naturalistisch oder realistisch hätten abgepinselt werden können, wenn sich nicht anderswo, in der Gesellschaft allgemein und insonderheit eben im bürgerlichen Mittelstand jener Konfliktstoff angesammelt hätte, der in der Stadt dann seinen Austragungsort und seine Bühne fand. Selbstverständlich waren die großen Städte, und hier vor allem Berlin, zu Anziehungsstätten geworden, deren Faszination sich die jungen Intelligenzen gar nicht entziehen konnten und wollten. Selbstverständlich hatte zumal die Hauptstadt seit der Reichsgründung unendlich an Volumen gewonnen und damit gleichzeitig an bisher unbekannten, ja kaum erahnbaren Kommunikations- und Informationsmöglichkeiten.

Interessant bleibt nur (und es ist zu fragen: warum?), daß der gewaltige technische und zivilisatorische Zugewinn mitnichten als unbegrenzte Möglichkeit verstanden wurde, eher schon als bedrohliche Herausforderung, häufig als Schock, oft als Einengung. Was für uns, trotz aller modischen Stadtflucht, immer noch so etwas wie Glaubenssätze sind, daß nämlich Stadtluft frei macht und Asphalt uns anduftet wie Mutterboden und Heimatscholle (alte naturalistische Thesen, nebenbei gesprochen), das nahm sich in der Wahrnehmungsweise der Expressionisten nämlich ganz anders aus. Wenn Kasimir Edschmid 1919 über die Expressionisten sagte »Sie sahen nicht. Sie schauten. Sie photographierten nicht. Sie hatten Gesichte.«, so heißt das im Hinblick auf die neue Großstadtwahrnehmung, daß hier viel weniger aufgeschnappt, abgekuckt und wahrgenommen als hineinprojiziert wurde. Zumindest hat man sich die Auseinandersetzung mit den neuen Wirklichkeiten als dialektischen Vorgang vorzustellen, insofern vorbereitete Spannungen und Stimmungen sich nun in einem neuen Medium bespiegeln und, womöglich, potenzieren konnten.
Verwunderlich ist beides nicht. Wo die neue Zeit einen in der Tat umwerfenden Produktionsmittelzuwachs beschert, und eben doch nicht real eröffnet hatte, weil sie die menschliche Produktivität nur immer wieder in starre Geleise lenkte, da mochte gerade die Kapitale als steingewordenes Sinnbild dieses tief erlebten Widerspruchs erscheinen. Zwar waren in der Großstadt, oder doch an ihren Peripherien, die modernsten Produktionsstätten akkumuliert, gleichzeitig aber eben auch die Mittel, die alten Formen der Persönlichkeitsenteignung neu auf Trab zu bringen. Wohl stand hier potentiell ein ungeheures Aggregat der allerneuesten Verkehrsmaschinen zur Verfügung – für den einzigen gesellschaftlich relevanten Auftrag, anonyme Menschenmassen zweckgerecht zu verfrachten. Auch die raumgreifende Entwicklung des Nachrichtenwesens, die ihren vermutlich offensivsten Ausdruck in der modernen Massenpresse fand, war nicht gerade angetan, die Hoffnung auf persönlichen Freiheitsgewinn zu nähren, eher schon die Befürchtung von Bevormundung und realem Erfahrungsverlust.
Wenn wir am Ende nun noch hinzurechnen – weil hier

urbane Liberalität sich beinah körperlich-sinnlich zu bezeugen scheint – daß auch das Versprechen der sexuellen Emanzipation und der Befreiung aus dörflicher Enge oder kleinstädtischer Sittenstrenge nur wieder in den Pferch führte, ins Freigehege des kommerzialisierten Sex, dann schließt sich ein Zwangsgefüge, das mit den hausgemachten Persönlichkeitsverklemmungen geradezu magisch korrespondierte. Ich sage sehr bewußt »magisch«, weil was für uns »logisch« erscheint, im Expressionismus zu durchaus magischen Formen der Ineinssetzung und des metaphorischen Beziehungszaubers führte. Als Beispiel für solcherart magischer Transsubstantationen nur eine Strophe des Berliners Alfred Lichtenstein, Prototyp einer seinerzeit neuen Großstadtpoesie:

Die wüsten Straßen fließen lichterloh
Durch den erloschenen Kopf. Und tun mir weh.
Ich fühle deutlich, daß ich bald vergeh –
Dornrosen meines Fleisches, stecht nicht so.

Bei solchen Versen weiß man in der Tat nicht mehr zu sagen, wo nun eigentlich das Ich aufhört oder die Stadt anfängt oder umgekehrt. Anscheinend ist der Expressionismus – und diese Beobachtung trifft allgemein – ein von Projektionen und Repros wechselseitig bewegtes Bezugssystem, in dem systematisch nur der ständige Austauschprozeß ist.

Damit will ich nicht zwei Hauptsätze der Expressionismuskunde anfechten, die lauten, daß a.) der Mensch hier mit statistischer Regelmäßigkeit verdinglicht dargestellt und b.) die Um- und Objektwelt personifiziert und dynamisiert geschildert werde. Das etwas statische Denkresultat, das einzig die Welt bewegt und das in sich zurückgeschrumpfte Ich paralysiert erscheinen läßt, bedünkt mich nur insofern ein wenig belebenswert und differenzierungswürdig, als es sich hinsichtlich der Welt ja nicht um tatsächlich umwerfende Sinneseindrücke handelt, sondern um affektiv erwünschte und methodisch betriebene Umformungen der Wirklichkeit. Hinter jeder Dynamisierung steht ein menschlicher Dynamo, hinter jeder Personifizierung eine persönliche Treibkraft, die den von Natur her unbeweglichen Sachen ihre neuen Eigenschaften zuweist, zuerkennt und zuerteilt. Das aber heißt genau, daß die unzähligen »fließenden Straßen« und »kreiselnden Plätze« und »lodernden Beete« und »wandernden Bäume« und »flackernden Türme« sehr deutliche Projektionen eines unendlich bewegungsgehemmten und unendlich handlungsversessenen und aktionssüchtigen Selbst sind, das in Ermangelung realer Fortbewegungsperspektiven die Übertragung zu seinem dynamischen Grundgesetz gemacht hat. Solche Feststellungen dürfen nicht verschrecken, wo man vielleicht von der Poesie etwas ganz anderes erwartet, die bewußte Klärung des gesellschaftlichen Zwielichts vielleicht oder deutliche Hoffnungsfingerzeige in die Zukunft. Poesie ist aber nicht und war nie oder nur im Ausnahmefall ein so eindeutiges Rahmenrichtlinienaufstellungsorgan, vielmehr ein Medium der vielfältigsten Partizipationen, bei dem Mitteilung nicht bloß Benachrichtigung heißt und Anteilnahme etwas anderes als sogenanntes herzliches Beileid. Als einer Kunst des angespanntesten Dabeiseins, bezeugt sich in der expressionistischen Lyrik eine beinah körperliche Beteiligung an den Entfremdungen und Harmonieeinbußen der Zeit, und es ist nur selbstverständlich, daß sich Zuspruch und Interesse an den Betroffenen wenden, nicht aber an notorisch Unanfechtbare und skrupellos Verschonte.

Ernst Stadler

Form ist Wollust

Form und Riegel mußten erst zerspringen,
Welt durch aufgeschlossne Röhren dringen:
Form ist Wollust, Friede, himmlisches Genügen,
doch mich reißt es, Ackerschollen umzupflügen.
Form will mich verschnüren und verengen,
doch ich will mein Sein in alle Weiten drängen –
Form ist klare Härte ohn' Erbarmen,
doch mich treibt es zu den Dumpfen, zu den Armen,
und in grenzenlosem Michverschenken
will mich Leben mit Erfüllung tränken.

Anrede

Ich bin nur Flamme, Durst und Schrei und Brand.
Durch meiner Seele enge Mulden schießt die Zeit
wie dunkles Wasser, heftig, rasch und unerkannt.
Auf meinem Leibe brennt das Mal: Vergänglichkeit.

Du aber bist der Spiegel, über dessen Rund
die großen Bäche alles Lebens geh'n,
und hinter dessen quellend gold'n Grund
die toten Dinge schimmernd aufersteh'n.

Mein Bestes glüht und lischt – ein irrer Stern,
der in den Abgrund blauer Sommernächte fällt –
doch deiner Tage Bild ist hoch und fern,
ewiges Zeichen, schützend um dein Schicksal hergestellt.

Fahrt über die Kölner Rheinbrücke bei Nacht

Der Schnellzug tastet sich
   und stößt die Dunkelheit entlang.
Kein Stern will vor. Die ganze Welt ist nur ein enger,
   nachtumschienter Minengang,
darein zuweilen Förderstellen

blauen Lichtes jähe Horizonte reißen: Feuerkreis
von Kugellampen, Dächern, Schloten,
dampfend, strömend . . . nur sekundenweis . . .
und wieder alles schwarz.
Als führen wir ins Eingeweid der Nacht zur Schicht.
Nun taumeln Lichter her . . . verirrt, trostlos vereinsamt . . .
mehr . . . und sammeln sich . . . und werden dicht.
Gerippe grauer Häuserfronten liegen bloß,
im Zwielicht bleichend, tot –
etwas muß kommen . . . o, ich fühl es schwer
im Hirn. Eine Beklemmung singt im Blut.
Dann dröhnt der Boden plötzlich wie ein Meer:
Wir fliegen, aufgehoben,
königlich durch nachtentrissne Luft, hoch übern Strom.
O Biegung der Millionen Lichter, stumme Wacht,
vor deren blitzender Parade
schwer die Wasser abwärts rollen.
Endloses Spalier, zum Gruß gestellt bei Nacht!
Wie Fackeln stürmend! Freudiges!
Salut von Schiffen über blauer See! Bestirntes Fest!
Wimmelnd, mit hellen Augen hingedrängt!
Bis wo die Stadt
mit letzten Häusern ihren Gast entläßt.
Und dann die langen Einsamkeiten. Nackte Ufer.
Stille. Nacht. Besinnung. Einkehr. Kommunion.
Und Glut und Drang
zum Letzten, Segnenden. Zum Zeugungsfest.
Zur Wollust. Zum Gebet. Zum Meer.
Zum Untergang.

Fluß im Abend

Der Abend
läuft den lauen Fluß hinunter.
Gewittersonne übersprengt
die Ufersenkung bunter.
Es hat geregnet.
Alle Blätter dampfen grüne Feuchte.

Die Weidenwildnis streckt mit grünen Tümpeln
    sich ins witternde Geleuchte.
Weiße Nebel
    überm Fluß sich hoch ins Abendglänzen schwingen,
Unterm seichten Fließen dumpf und schrill
    die mitgezognen Kiesel klingen,
Die Pappelreihen flammen durchs Gewölk, turmgroße Kerzen
    dick mit honiggelbem Schein beträuft –
Es ist, als ob mein tiefstes Glück durch grüne Ufer
    in den brennenden Gewitterabend läuft.

Vorfrühling

In dieser Märznacht
    trat ich spät aus meinem Haus.
Die Straßen waren aufgewühlt von Lenzgeruch
    und grünem Saatregen.
Winde schlugen an. Durch die verstörte Häusersenkung
    ging ich weit hinaus
Bis zu dem unbedeckten Wall und spürte:
    meinem Herzen schwoll ein neuer Takt entgegen.

In jedem Lufthauch
    war ein junges Werden ausgespannt.
Ich lauschte,
    wie die starken Wirbel mir im Blute rollten.
Schon dehnte sich bereitet Acker.
    In den Horizonten eingebrannt
War schon die Bläue hoher Morgenstunden,
    die ins Weite führen sollten.

Die Schleusen knirschten.
    Abenteuer brach aus allen Fernen.
Überm Kanal, den junge Ausfahrtwinde wellten,
    wuchsen helle Bahnen,
In deren Licht ich trieb.
    Schicksal stand wartend in umwehten Sternen.
In meinem Herzen lag ein Stürmen
    wie von aufgerollten Fahnen.

Der Aufbruch

Einmal schon haben Fanfaren
  mein ungeduldiges Herz blutig gerissen,
Daß es, aufsteigend wie ein Pferd,
  sich wütend ins Gezäum verbissen.
Damals schlug Tambourmarsch
  den Sturm auf allen Wegen,
Und herrlichste Musik der Erde
  hieß uns Kugelregen.
Dann, plötzlich, stand Leben stille.
  Wege führten zwischen alten Bäumen.
Gemächer lockten.
  Es war süß, zu weilen und sich versäumen,
Von Wirklichkeit den Leib
  so wie von staubiger Rüstung zu entketten,
Wollüstig sich in Daunen
  weicher Traumstunden einzubetten.
Aber eines Morgens
  rollte durch Nebelluft das Echo von Signalen,
Hart, scharf, wie Schwerthieb pfeifend. Es war
  wie wenn im Dunkel plötzlich Lichter aufstrahlen.
Es war wie wenn durch Biwakfrühe
  Trompetenstöße klirren,
Die Schlafenden aufspringen und die Zelte abschlagen
  und die Pferde schirren.
Ich war in Reihen eingeschient,
  die in den Morgen stießen, Feuer über Helm und Bügel,
Vorwärts, in Blick und Blut die Schlacht,
  mit vorgehaltnem Zügel.
Vielleicht würden uns
  am Abend Siegesmärsche umstreichen,
Vielleicht lägen wir irgendwo ausgestreckt
  unter Leichen.
Aber vor dem Erraffen
  und vor dem Versinken
Würden unsre Augen sich an Welt und Sonne satt
  und glühend trinken.

Georg Heym

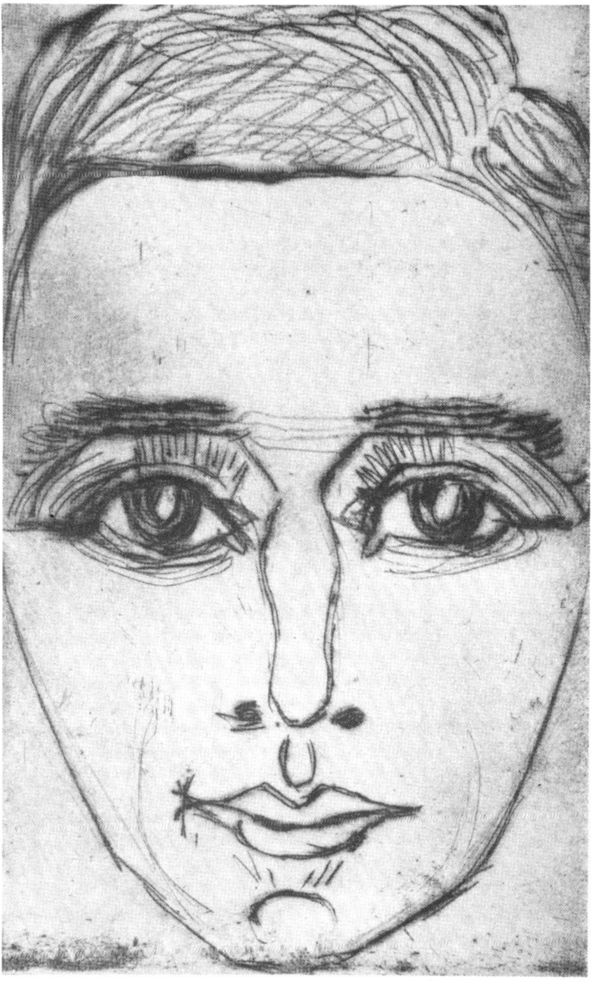

Der Gott der Stadt

Auf einem Häuserblocke sitzt er breit.
Die Winde lagern schwarz um seine Stirn.
Er schaut voll Wut, wo fern in Einsamkeit
Die letzten Häuser in das Land verirrn.

Vom Abend glänzt der rote Bauch dem Baal,
Die großen Städte knieen um ihn her.
Der Kirchenglocken ungeheure Zahl
Wogt auf zu ihm aus schwarzer Türme Meer.

Wie Korybanten-Tanz dröhnt die Musik
Der Millionen durch die Straßen laut.
Der Schlote Rauch, die Wolken der Fabrik
Ziehn auf zu ihm, wie Duft von Weihrauch blaut.

Das Wetter schwält in seinen Augenbrauen.
Der dunkle Abend wird in Nacht betäubt.
Die Stürme flattern, die wie Geier schauen
Von seinem Haupthaar, das im Zorne sträubt.

Er streckt ins Dunkel seine Fleischerfaust.
Er schüttelt sie. Ein Meer von Feuer jagt
Durch eine Straße. Und der Glutqualm braust
Und frißt sie auf, bis spät der Morgen tagt.

Die Dämonen der Städte

Sie wandern durch die Nacht der Städte hin,
Die schwarz sich ducken unter ihrem Fuß.
Wie Schifferbärte stehen um ihr Kinn
Die Wolken schwarz vom Rauch und Kohlenruß.

Ihr langer Schatten schwankt im Häusermeer
Und löscht der Straßen Lichterreihen aus.
Er kriecht wie Nebel auf dem Pflaster schwer
Und tastet langsam vorwärts Haus für Haus.

Den einen Fuß auf einen Platz gestellt,
Den anderen gekniet auf einen Turm,
Ragen sie auf, wo schwarz der Regen fällt,
Panspfeifen blasend in den Wolkensturm.

Um ihre Füße kreist das Ritornell
Des Städtemeers mit trauriger Musik,
Ein großes Sterbelied. Bald dumpf, bald grell
Wechselt der Ton, der in das Dunkel stieg.

Sie wandern an dem Strom, der schwarz und breit
Wie ein Reptil, den Rücken gelb gefleckt
Von den Laternen, in die Dunkelheit
Sich traurig wälzt, die schwarz den Himmel deckt.

Sie lehnen schwer auf einer Brückenwand
Und stecken ihre Hände in den Schwarm
Der Menschen aus, wie Faune, die am Rand
Der Sümpfe bohren in den Schlamm den Arm.

Einer steht auf. Dem weißen Monde hängt
Er eine schwarze Larve vor. Die Nacht,
Die sich wie Blei vom finstern Himmel senkt,
Drückt tief die Häuser in des Dunkels Schacht.

Der Städte Schultern knacken. Und es birst
Ein Dach, daraus ein rotes Feuer schwemmt.
Breitbeinig sitzen sie auf seinem First
Und schrein wie Katzen auf zum Firmament.

In einer Stube voll von Finsternissen
Schreit eine Wöchnerin in ihren Wehn.
Ihr starker Leib ragt riesig aus den Kissen,
Um den herum die großen Teufel stehn.

Sie hält sich zitternd an der Wehebank.
Das Zimmer schwankt um sie von ihrem Schrei,
Da kommt die Frucht. Ihr Schoß klafft rot und lang
Und blutend reißt er von der Frucht entzwei.

Der Teufel Hälse wachsen wie Giraffen.
Das Kind hat keinen Kopf. Die Mutter hält
Es vor sich hin. In ihrem Rücken klaffen
Des Schrecks Froschfinger, wenn sie rückwärts fällt.

Doch die Dämonen wachsen riesengroß.
Ihr Schläfenhorn zerreißt den Himmel rot.
Erdbeben donnert durch der Städte Schoß
Um ihren Huf, den Feuer überloht.

Der Krieg

Aufgestanden ist er, welcher lange schlief,
Aufgestanden unten aus Gewölben tief.
In der Dämmrung steht er, groß und unbekannt,
Und den Mond zerdrückt er in der schwarzen Hand.

In den Abendlärm der Städte fällt es weit,
Frost und Schatten einer fremden Dunkelheit.
Und der Märkte runder Wirbel stockt zu Eis.
Es wird still. Sie sehn sich um. Und keiner weiß.

In den Gassen faßt es ihre Schulter leicht.
Eine Frage. Keine Antwort. Ein Gesicht erbleicht.
In der Ferne zittert ein Geläute dünn,
Und die Bärte zittern um ihr spitzes Kinn.

Auf den Bergen hebt er schon zu tanzen an,
Und er schreit: Ihr Krieger alle, auf und an!
Und es schallet, wenn das schwarze Haupt er schwenkt,
Drum von tausend Schädeln laute Kette hängt.

Einem Turm gleich tritt er aus die letzte Glut,
Wo der Tag flieht, sind die Ströme schon voll Blut.
Zahllos sind die Leichen schon im Schilf gestreckt,
Von des Todes starken Vögeln weiß bedeckt.

In die Nacht er jagt das Feuer querfeldein,
Einen roten Hund mit wilder Mäuler Schrein.
Aus dem Dunkel springt der Nächte schwarze Welt,
Von Vulkanen furchtbar ist ihr Rand erhellt.

Und mit tausend hohen Zipfelmützen weit
Sind die finstren Ebnen flackend überstreut,
Und was unten auf den Straßen wimmelnd flieht,
Stößt er in die Feuerwälder, wo die Flamme brausend zieht.

Und die Flammen fressen brennend Wald um Wald,
Gelbe Fledermäuse, zackig in das Laub gekrallt,
Seine Stange haut er wie ein Köhlerknecht
In die Bäume, daß das Feuer brause recht.

Eine große Stadt versank in gelbem Rauch,
Warf sich lautlos in des Abgrunds Bauch.
Aber riesig über glühnden Trümmern steht,
Der in wilde Himmel dreimal seine Fackel dreht

Über sturmzerfetzter Wolken Widerschein,
In des toten Dunkels kalten Wüstenein,
Daß er mit dem Brande weit die Nacht verdorr,
Pech und Feuer träufet unten auf Gomorrh.

Die Seefahrer

Die Stirnen der Länder, rot und edel wie Kronen,
Sahen wir schwinden dahin im versinkenden Tag,
Und die rauschenden Kränze der Wälder thronen
Unter des Feuers dröhnendem Flügelschlag.

Die zerflackenden Bäume mit Trauer zu schwärzen,
Brauste ein Sturm. Sie verbrannten wie Blut,
Untergehend, schon fern. Wie über sterbenden Herzen
Einmal noch hebt sich der Liebe verlodernde Glut.

Aber wir trieben dahin, hinaus in den Abend der Meere.
Unsere Hände brannten wie Kerzen an.
Und wir sahen die Adern darin, und das schwere
Blut vor der Sonne, das dumpf in den Fingern zerrann.

Nacht begann. Einer weinte im Dunkel. Wir schwammen
Trostlos mit schrägem Segel ins Weite hinaus.
Aber wir standen am Borde im Schweigen beisammen,
In das Finstre zu starren. Und das Licht ging uns aus.

Eine Wolke nur stand in den Weiten noch lange,
Ehe die Nacht begann in dem ewigen Raum,
Purpurn schwebend im All, wie mit schönem Gesange
Über den klingenden Gründen der Seele ein Traum.

Alle Landschaften haben

Alle Landschaften haben
Sich mit Blau erfüllt.
Alle Büsche und Bäume des Stromes,
Der weit in den Norden schwillt.

Leichte Geschwader, Wolken,
Weiße Segel dicht,
Die Gestade des Himmels dahinter
Zergehen in Wind und Licht.

Wenn die Abende sinken
Und wir schlafen ein,
Gehen die Träume, die schönen,
Mit leichten Füßen herein.

Zymbeln lassen sie klingen
In den Händen licht.
Manche flüstern und halten
Kerzen vor ihr Gesicht.

Mit den fahrenden Schiffen

Mit den fahrenden Schiffen
Sind wir vorübergeschweift,
Die wir ewig herunter
Durch glänzende Winter gestreift.
Ferner kamen wir immer
Und tanzten im insligen Meer,
Weit ging die Flut uns vorbei,
Und Himmel war schallend und leer.

Sage die Stadt,
Wo ich nicht saß im Tor,
Ging dein Fuß da hindurch,
Der die Locke ich schor?
Unter dem sterbenden Abend
Das suchende Licht
Hielt ich, wer kam da hinab,
Ach, ewig in fremdes Gesicht.

Bei den Toten ich rief,
Im abgeschiedenen Ort,
Wo die Begrabenen wohnen;
Du, ach, warest nicht dort.
Und ich ging über Feld,
Und die wehenden Bäume zu Haupt
Standen im frierenden Himmel
Und waren im Winter entlaubt.

Raben und Krähen
Habe ich ausgesandt,
Und sie stoben im Grauen
Über das ziehende Land.
Aber sie fielen wie Steine
Zur Nacht mit traurigem Laut
Und hielten im eisernen Schnabel
Die Kränze von Stroh und Kraut.

Manchmal ist deine Stimme,
Die im Winde verstreicht,
Deine Hand, die im Traume
Rühret die Schläfe mir leicht;
Alles war schon vorzeiten.
Und kehret wieder sich um.
Gehet in Trauer gehüllet,
Streuet Asche herum.

Fröhlichkeit

Es rauscht und saust von manchem Karusselle,
Wie Sonnen flammend in den Nachmittagen,
Und tausend Leute schauen mit Behagen
Wie sich Kamele drehn, und Rosse, schnelle;

Die starren Schwäne und die Elefanzen;
Der eine hebt vor Freude schon das Bein
Und grunzt im hohlen Bauche wie ein Schwein.
Und alle Tiere fangen an zu tanzen.

Doch nebenan im Himmelslicht, dem hellen,
Gehen die Maurer, schwarz wie Läuse klein,
Hoch im Gerüst, ein feuriger Verein,
Und schlagen Takt mit ihren Maurerkellen.

Deine Wimpern, die langen . . .

Deine Wimpern, die langen,
Deiner Augen dunkele Wasser,
Laß mich tauchen darein,
Laß mich zur Tiefe gehn.

Steigt der Bergmann zum Schacht
Und schwankt seine trübe Lampe
Über der Erze Tor,
Hoch an der Schattenwand,

Sieh, ich steige hinab,
In deinem Schoß zu vergessen,
Fern was von oben dröhnt,
Helle und Qual und Tag.

An den Feldern verwächst,
Wo der Wind steht, trunken vom Korn,
Hoher Dorn, hoch und krank
Gegen das Himmelsblau.

Gib mir die Hand,
Wir wollen einander verwachsen,
Einem Wind Beute,
Einsamer Vögel Flug.

Hören im Sommer
Die Orgel der matten Gewitter,
Baden in Herbsteslicht
Am Ufer des blauen Tags.

Manchmal wollen wir stehn
Am Rand des dunkelen Brunnens,
Tief in die Stille zu sehn,
Unsere Liebe zu suchen.

Oder wir treten hinaus
Vom Schatten der goldenen Wälder,
Groß in ein Abendrot,
Das dir berührt sanft die Stirn.

Göttliche Trauer,
Schwinge der ewigen Liebe,
Hebe den Krug herauf,
Trinke den Schlaf.

Einmal am Ende zu stehen,
Wo Meer in gelblichen Flecken
Leise schwimmt schon herein
Zu der September Bucht.

Oben zu ruhn
Im Hause der dürftigen Blumen,
Über die Felsen hinab
Singt und zittert der Wind.

Doch von der Pappel,
Die ragt im Ewigen Blauen,
Fällt schon ein braunes Blatt,
Ruht auf dem Nacken dir aus.

Im kurzen Abend

Im kurzen Abend. Voll Wind ist die Stunde,
Und die Röte so tief und winterlich klein.
Unsere Hand, die sich zagend gefunden,
Bald wird sie frieren und einsam sein.

Und die Sterne sind hoch in verblassenden Weiten
Wenige erst, auseinander gerückt.
Unsere Pfade sind dunkel, und Weiden breiten
Ihre Schatten darauf, in Trauer gebückt.

Schilf rauschet uns. Und die Irrwische scheinen,
Die wir ein dunkeles Schicksal erlost.
Behüte dein Herz, dann wird es nicht weinen
Unter dem fallenden Jahr ohne Trost.

Was dich schmerzet, ich sag es im Bösen.
Und uns quälet ein fremdes Wort.
Unsere Hände werden im Dunkel sich lösen,
Und mein Herz wird sein wie ein kahler Ort.

Georg Trakl

Menschheit

Menschheit vor Feuerschlünden aufgestellt,
Ein Trommelwirbel, dunkler Krieger Stirnen,
Schritte durch Blutnebel; schwarzes Eisen schellt,
Verzweiflung, Nacht in traurigen Gehirnen:
Hier Evas Schatten, Jagd und rotes Geld.
Gewölk, das Licht durchbricht, das Abendmahl.
Es wohnt in Brot und Wein ein sanftes Schweigen
Und jene sind versammelt zwölf an Zahl.
Nachts schrein im Schlaf sie unter Ölbaumzweigen;
Sankt Thomas taucht die Hand ins Wundenmal.

In den Nachmittag geflüstert

Sonne, herbstlich dünn und zag,
Und das Obst fällt von den Bäumen.
Stille wohnt in blauen Räumen
Einen langen Nachmittag.

Sterbeklänge von Metall;
Und ein weißes Tier bricht nieder.
Brauner Mädchen rauhe Lieder
Sind verweht im Blätterfall.

Stirne Gottes Farben träumt,
Spürt des Wahnsinns sanfte Flügel.
Schatten drehen sich am Hügel
Von Verwesung schwarz umsäumt.

Dämmerung voll Ruh und Wein;
Traurige Gitarren rinnen.
Und zur milden Lampe drinnen
Kehrst du wie im Traume ein.

In ein altes Stammbuch

Immer wieder kehrst du, Melancholie,
O Sanftmut der einsamen Seele.
Zu Ende glüht ein goldener Tag.

Demutsvoll beugt sich dem Schmerz der Geduldige
Tönend von Wohllaut und weichem Wahnsinn.
Siehe! es dämmert schon.

Wieder kehrt die Nacht und klagt ein Sterbliches
Und es leidet ein anderes mit.

Schaudernd unter herbstlichen Sternen
Neigt sich jährlich tiefer das Haupt.

Trübsinn

Weltunglück geistert durch den Nachmittag.
Baracken fliehn durch Gärtchen braun und wüst.
Lichtschnuppen gaukeln um verbrannten Mist,
Zwei Schläfer schwanken heimwärts, grau und vag.

Auf der verdorrten Wiese läuft ein Kind
Und spielt mit seinen Augen schwarz und glatt.
Das Gold tropft von den Büschen trüb und matt.
Ein alter Mann dreht traurig sich im Wind.

Am Abend wieder über meinem Haupt
Saturn lenkt stumm ein elendes Geschick.
Ein Baum, ein Hund tritt hinter sich zurück
Und schwarz schwankt Gottes Himmel und entlaubt.

Ein Fischlein gleitet schnell hinab den Bach;
Und leise rührt des toten Freundes Hand
Und glättet liebend Stirne und Gewand.
Ein Licht ruft Schatten in den Zimmern wach.

Ein Winterabend

Wenn der Schnee ans Fenster fällt,
Lang die Abendglocke läutet,
Vielen ist der Tisch bereitet
Und das Haus ist wohlbestellt.

Mancher auf der Wanderschaft
Kommt ans Tor auf dunklen Pfaden.
Golden blüht der Baum der Gnaden
Aus der Erde kühlem Saft.

Wanderer tritt still herein;
Schmerz versteinerte die Schwelle.
Da erglänzt in reiner Helle
Auf dem Tische Brot und Wein.

Gesang des Abgeschiedenen

An Karl Borromäus Heinrich

Voll Harmonien ist der Flug der Vögel. Es haben
die grünen Wälder
Am Abend sich zu stilleren Hütten versammelt;
Die kristallenen Weiden des Rehs.
Dunkles besänftigt das Plätschern des Bachs, die
feuchten Schatten

Und die Blumen des Sommers, die schön im Winde läuten.
Schon dämmert die Stirne dem sinnenden Menschen.

Und es leuchtet ein Lämpchen, das Gute, in
seinem Herzen
Und der Frieden des Mahls; denn geheiligt ist
Brot und Wein
Von Gottes Händen, und es schaut aus nächtigen
Augen
Stille dich der Bruder an, daß er ruhe von
dorniger Wanderschaft.
O das Wohnen in der beseelten Bläue der Nacht.

Liebend auch umfängt das Schweigen im Zimmer die
Schatten der Alten,
Die purpurnen Martern, Klage eines großen Geschlechts,
Das fromm nun hingeht im einsamen Enkel.

Denn strahlender immer erwacht aus schwarzen
Minuten des Wahnsinns
Der Duldende an versteinerter Schwelle
Und es umfängt ihn gewaltig die kühle Bläue und die
leuchtende Neige des Herbstes,

Das stille Haus und die Sagen des Waldes,
Maß und Gesetz und die mondenen Pfade
der Abgeschiedenen.

Grodek

Am Abend tönen die herbstlichen Wälder
Von tödlichen Waffen, die goldnen Ebenen
Und blauen Seen, darüber die Sonne
Düstrer hinrollt; umfängt die Nacht
Sterbende Krieger, die wilde Klage
Ihrer zerbrochenen Münder.
Doch stille sammelt im Weidengrund
Rotes Gewölk, darin ein zürnender Gott wohnt,
Das vergossne Blut sich, mondne Kühle;
Alle Straßen münden in schwarze Verwesung.
Unter goldnem Gezweig der Nacht und Sternen
Es schwankt der Schwester Schatten durch den schweigenden
  Hain,
Zu grüßen die Geister der Helden, die blutenden Häupter;
Und leise tönen im Rohr die dunkeln Flöten des Herbstes.
O stolzere Trauer! ihr ehernen Altäre,
Die heiße Flamme des Geistes nährt heute ein gewaltiger
  Schmerz,
Die ungebornen Enkel.

Franz Werfel

Der schöne strahlende Mensch

Die Freunde, die mit mir sich unterhalten,
Sonst oft mißmutig, leuchten vor Vergnügen,
Lustwandeln sie in meinen schönen Zügen
Wohl Arm in Arm, veredelte Gestalten.

Ach, mein Gesicht kann niemals Würde halten,
Und Ernst und Gleichmut will ihm nicht genügen,
Weil tausend Lächeln in erneuten Flügen
Sich ewig seinem Himmelsbild entfalten.

Ich bin ein Korso auf besonnten Plätzen,
Ein Sommerfest mit Frauen und Bazaren,
Mein Auge bricht von allzuviel Erhelltsein.

Ich will mich auf den Rasen niedersetzen,
Und mit der Erde in den Abend fahren.
O Erde, Abend, Glück, o auf der Welt sein!!

Lächeln Atmen Schreiten

Schöpfe du, trage du, halte
Tausend Gewässer des Lächelns in deiner Hand!
Lächeln, selige Feuchte ist ausgespannt
All übers Antlitz.
Lächeln ist keine Falte,
Lächeln ist Wesen vom Licht.
Durch die Räume bricht Licht, doch ist es noch nicht.
Nicht die Sonne ist Licht,
Erst im Menschengesicht
Wird das Licht als Lächeln geboren.
Aus den tönenden, leicht unsterblichen Toren,
Aus den Toren der Augen wallte
Frühling zum erstenmal, Himmelsgischt,
Lächelns nieglühender Brand.
Im Regenbrand des Lächelns spüle die alte Hand,
Schöpfe du, trage du, halte!

Lausche du, horche du, höre!
In der Nacht ist der Einklang des Atems los,
Der Atem, die Eintracht des Busens groß.
Atem schwebt
Über Feindschaft finsterer Chöre.
Atem ist Wesen vom höchsten Hauch.
Nicht der Wind, der sich taucht
In Weid, Wald und Strauch,
Nicht das Wehn, vor dem die Blätter sich drehn . . .
Gottes Hauch wird im Atem der Menschen geboren.
Aus den Lippen, den schweren,
Verhangen, dunkel, unsterblichen Toren
Fährt Gottes Hauch, die Welt zu bekehren.

Auf dem Windmeer des Atems hebt an
Die Segel zu brüsten im Rausche,
Der unendlichen Worte nächtlich beladener Kahn.
Horche du, höre du, lausche!

Sinke hin, kniee hin, weine!
Sieh der Geliebten erdenlos schwindenden Schritt!
Schwinge dich hin, schwinde ins Schreiten mit!
Schreiten entführt
Alles ins Reine, alles ins Allgemeine.
Schreiten ist mehr als Lauf und Gang,
Der sternenden Sphäre Hinauf und Entlang,
Mehr als des Raumes tanzender Überschwang.
Im Schreiten der Menschen wird die Bahn der Freiheit geboren.
Mit dem Schreiten der Menschen tritt
Gottes Anmut und Wandel aus allen Herzen und Toren.
Lächeln, Atem und Schritt
Sind mehr als des Lichtes, des Windes, der Sterne Bahn.
Die Welt fängt im Menschen an.
Im Lächeln, im Atem, im Schritt der Geliebten ertrinke!
Weine hin, kniee hin, sinke!

Veni Creator Spiritus

Komm heiliger Geist du, schöpferisch!
Den Marmor unsrer Form zerbrich!
Daß nicht mehr Mauer krank und hart
Den Brunnen dieser Welt umstarrt,
Daß wir gemeinsam und nach oben
Wie Flammen in einander toben!

Tauch auf aus unsern Flächen wund
Delphin von aller Wesen Grund,
Alt allgemein und heiliger Fisch!
Komm reiner Geist du, schöpferisch,
Nach dem wir ewig uns entfalten,
Kristallgesetz der Weltgestalten!

Wie sind wir alle Fremde doch!
Wie unterm lezten Hemde noch
Die Schattengreise im Spital
Sich hassen bis zum letzten Mal,

Und jeder, eh' er ostwärts mündet,
Allein sein Abendlicht entzündet.

So sind wir eitel eingespannt,
Und hocken bös an unserm Rand,
Und morden uns an jedem Tisch.
Komm heiliger Geist du, schöpferisch
Aus uns empor mit tausend Flügen!
Zerbrich das Eis in unsern Zügen!

Daß tränenhaft und gut und gut
Aufsiede die entzückte Flut,
Daß nicht mehr fern und unerreicht
Ein Wesen um das andre schleicht,
Daß jauchzend wir in Blick, Hand, Mund und Haaren,
Und in uns selbst dein Attribut erfahren!

Daß, wer dem Bruder in die Arme fällt,
Dein tiefes Schlagen süß am Herzen hält,
Daß, wer des armen Hundes Schaun empfängt,
Von deinem weisen Blicke wird beschenkt,
Daß alle wir in Küssens Überflüssen
Nur deine reine heilige Lippe küssen!

Fremde sind wir auf der Erde alle

Tötet euch mit Dämpfen und mit Messern,
Schleudert Schrecken, hohe Heimatworte,
Werft dahin um Erde euer Leben!
Die Geliebte ist euch nicht gegeben.
Alle Lande werden zu Gewässern,
Unterm Fuß zerrinnen euch die Orte.

Mögen Städte aufwärts sich gestalten,
Niniveh, ein Gottestrotz von Steinen!
Ach es ist ein Fluch in unserm Wallen:
Flüchtig muß vor uns das Feste fallen,
Was wir halten, ist nicht mehr zu halten,
Und am Ende bleibt uns nichts als Weinen.

Berge sind und Flächen sind geduldig,
Staunen, wie wir auf- und niederweichen.
Fluß wird alles, wo wir eingezogen.

Wer zum Sein noch Mein sagt, ist betrogen.
Schuldvoll sind wir, und uns selber schuldig,
Unser Teil ist: Schuld, sie zu begleichen!

Mütter leben, daß sie uns entschwinden.
Und das Haus ist, daß es uns zerfalle.
Selige Blicke, daß sie uns entfliehen.
Selbst der Schlag des Herzens ist geliehen.
Fremde sind wir auf der Erde Alle,
Und es stirbt, womit wir uns verbinden.

Die Wortemacher des Krieges

Erhabene Zeit! Des Geistes Haus zerschossen
Mit spitzem Jammer in die Lüfte sticht.
Doch aus den Rinnen, Ritzen, Kellern, Gossen,
Befreit und jauchzend das Geziefer bricht.

Das Einzige, wofür wir einig lebten,
Des Brudertums in uns das tiefe Fest,
Wenn wir vor tausend Himmeln niederbebten,
Ist nun der Raub für eine Rattenpest.

Die Tröpfe lallen, und die Streber krächzen,
Und nennen Mannheit ihren alten Kot.
Daß nur die fetten Weiber ihnen lechzen,
Wölbt sich die Ordensbrust ins Morgenrot.

Die Dummheit hat sich der Gewalt geliehen,
Die Bestie darf hassen, und sie singt.
Ach, der Geruch der Lüge ist gediehen,
Daß er den Duft des Blutes überstinkt.

Das alte Lied! Die Unschuld muß verbluten,
Indes die Frechheit einen Sinn erschwitzt.
Und eh nicht die Gerichts-Posaunen tuten,
Ist nur Verzweiflung, was der Mensch besitzt.

Revolutions Aufruf

Komm, Sintflut der Seele, Schmerz, endloser Strahl!
Zertrümmre die Pfähle, den Damm und das Tal!
Brich aus Eisenkehle! Dröhne du Stimme von Stahl!

Blödes Verschweinen! Behaglicher Sinn,
Geh mir mit deinem toten Ich bin!
Ach, nur das Weinen reißt uns zum Reinen hin.

Laß nur die Mächte treten den Nacken dir,
Stemmt auch das Schlechte zahllose Zacken dir,
Sieh das Gerechte feurig fährt aus den Schlacken dir.

Wachsend erkenne das Vermaledeit!
Brüllend verbrenne im Wasser und Feuer-Leid!
Renne renne renne gegen die alte, die elende Zeit!!

Ein geistliches Lied

Wir drehen uns vorüber
An einem Lämpchen, einem Mann.
Uns reißt etwas hinüber,
Und letzte Sehnsucht faßt uns an.
Wir werden nie uns haben,
Denn Formsein packt uns herrisch ein.
Und sind wir einst begraben,
Wird Staub dem Staub noch feindlich sein.

Am Gitter der Slowake
Spuckt aus und wischt sich seinen Mund.
Ein andrer hebt die Hacke,
Und näher schwebt ein brauner Hund.
Wenn sie vorüberspülen
Bestürzt uns Lieb' zu Fleisch und Stein,
Doch wie wir – Körper – fühlen,
Muß Ekel unsre Antwort sein.

Verheißung letzter Treue
Ist unserer Augen Bruderlicht,
Aus dem die Winterbläue
Der ungedämmten Himmel bricht.
Daß wir dereinst uns finden
In den Gefühlen ohne Sprung,
Durch uns, in uns verschwinden,
Und Schwung sind, nichts als Schwung und Lieb'
 und jagende Begeisterung.

Ernst Blass

An Gladys

O du, mein holder Abendstern . . .
Richard Wagner

So seltsam bin ich, der die Nacht durchgeht,
Den schwarzen Hut auf meinem Dichterhaupt.
Die Straßen komme ich entlang geweht.
Mit weichem Glücke bin ich ganz belaubt.

Es ist halb eins, das ist ja noch nicht spät . . .
Laternen schlummern süß und schneebestaubt.
Ach, wenn jetzt nur kein Weib an mich gerät
Mit Worten, schnöde, roh und unerlaubt!

Die Straßen komme ich entlang geweht,
Die Lichter scheinen sanft aus mir zu saugen,
Was mich vorhin noch von den Menschen trennte;

So seltsam bin ich, der die Nacht durchgeht . . .
Freundin, wenn ich jetzt dir begegnen könnte,
Ich bin so sanft, mit meinen blauen Augen!

Abendstimmung

Stumm wurden längst die Polizeifanfaren,
Die hier am Tage den Verkehr geregelt.
Im süßen Nebel liegen hingeflegelt
Die Lichter, die am Tag geschäftlich waren.

An Häusern sind sehr kitschige Figuren.
Wir treffen manche Herren von der Presse
Und viele von den aufgebauschten Huren,
Sadistenzüge um die feine Fresse.

Auf Hüten plauschen zärtlich die Pleureusen:
O daß so selig uns das Leben bliebe!
Und daß sich dir auch nicht die Locken lösen,
Die angesteckten Locken meiner Liebe!

Hier kommen Frauen wie aus Operetten
Und Männer, die dies Leben sind gewohnt
Und satt schon kosten an den Zigaretten.
In manchen Blicken liegt der halbe Mond.

O komm! o komm, Geliebte! In der Bar
Verrät der Mixer den geheimsten Tip.
Und überirdisch, himmlisch steht dein Haar
Zur Rötlichkeit des Cherry-Brandy-Flip.

Gen Haus

Die Straße tut mir wohl; die ist schön breit.
Wie ist das lieb von diesem rosa Licht!
Das macht so singend müde mein Gesicht.
Bald sind die Straßenkanten weich verschneit.

Nun schützt die Stimmung meiner Augenlider
Ein Seelchen, das einst schnaubte in den Wind.
Wo blieben deine Augen? Deine Glieder?
Und deines Kleids aufregender Absinth?

Arrangement

Ein blauer Abendhimmel, stilisiert.
Singvögel, die teils fleuchen und teils kreuchen.
Es tanzen mehrmals komisch an zuviert
Schutzmannskordone mit geschwollnen Bäuchen.

Ein Cyrano, teils sehnend und teils sehnig,
Schlägt wundervoll heroische Kapritzen.
Es steigt aus den geschärften Häuserspitzen
Der Mond, ein pittoresker Kegelkönig.

Sonntagnachmittag

Die Töchter liegen weiß auf dem Balkon.
In Oberhemden spielen Väter Kachten:
Ein Roundser steigt nach einem Full von Achten.
– Und singen tut sich eins der Grammophon.

In Straßen, die sich weiß wie Küsse dehnen,
Sind Menschen viel, die sich nach Liebe sehnen.
Noch andre sitzen in Cafés und warten
Die Resultate ab aus Hoppegarten.

Der Dichter sitzt im luftigsten Café,
Um sich an Eisschoklade zu erlaben.
Von einem Busen ist er sehr entzückt.

Der Oberkellner denkt hinaus (entrückt)
An Mädchen, Boote, Schilf, . . . an Schlachtensee.
Der Dichter träumt ». . . und werde nie sie haben . . .«

Die Jungfrau

Jongleure setzen ihre Köpfe ab
Und schmeißen sie hell pfeifend in die Luft.
Die Knochen meckern, wenn mit lautem Klapp
Ein Kopf ins Universum sich verpufft.

. . . Jetzt Neger, die auf Dromedaren reiten.
Und nun tanzst du in deinem engen Rocke,
Der fixe Klöppel einer mächtgen Glocke,
Die laut zerlärmt die Zulukaffrigkeiten.

Du tanzst vorbei an zitternden Profilen.
Verwirrter Antlitze, die dich beschielen.
Du tanzest aus – und gehst allein nach Haus.

Und während weiß sich dehnen deine Lippen,
Wird rot und zottig deinen Leib umwippen
Die Nacht wie eine Riesenfledermaus.

Der Nervenschwache

Mit einer Stirn, die Traum und Angst zerfraßen,
Mit einem Körper, der verzweifelt hängt
An einem Seile, das ein Teufel schwenkt,
– So läuft er durch die langen Großstadtstraßen.

Verschweinte Kerle, die die Straße kehren,
Verkohlen ihn; schon gröhlt er arienhaft:
»Ja, ja – ja, ja! Die Leute haben Kraft!
Mir wird ja nie, ja nie ein Weib gebären

Mir je ein Kind!« Der Mond liegt wie ein Schleim
Auf ungeheuer nachtendem Velours.
Die Sterne zucken zart wie Embryos
An einer unsichtbaren Nabelschnur.

Die Dirnen züngeln im geschlossnen Munde,
Die Dirnen, die ihn welkend weich umwerben.
Ihn ängsten Darmverschlingung, Schmerzen, Sterben,
Zuhältermesser und die großen Hunde.

Sonnenuntergang

Noch träum ich von den Ländern, wo die roten
Palastfassaden wie Gesichter stieren.
Der Mond hängt strotzend.
Weiß er von den Toten?
Ich gehe an dem weichen Strand spazieren.
Schräg durch Bekannte. (Schrieen nicht einst Löwen?)
Vom Kaffeegarten kommt Musike her.
Die große Sonne fährt mit seidnen Möwen
Über das Meer.

Jakob van Hoddis

Aurora

Nach Hause stiefeln wir verstört und alt,
Die grelle, gelbe Nacht hat abgeblüht.
Wir sehn, wie über den Laternen, kalt
Und dunkelblau, der Himmel droht und glüht.

Nun winden sich die langen Straßen, schwer
Und fleckig, bald, im breiten Glanz der Tage.
Die kräftige Aurore bringt ihn her,
Mit dicken, rotgefrornen Fingern, zage.

Traum

Jawohl! Wir träumen oft von großen Prünken
Und durch die goldene Stadt als Triumphator
Kutschieren wir erhaben dem Senat vor
Und nackte Mädchen stehn auf Marmorstrünken.

Der Wagen fliegt den Vogelflug der Möwen
Trotzdem er köstlich teure Beute führt
Und diamantenes Geschirr umschnürt
Die Löwin und den Tibetaner-Löwen.

Da stürzt der Wagen. Plötzlich! Weh, verlieren
Die Löwen sich zur Wut der Wüstennächte.
Weh! Wer ist nahe, der uns Hilfe brächte?
Weh! in der Not! – Die Bestien coitieren.

Kinematograph

Der Saal wird dunkel. Und wir sehn die Schnellen
Der Ganga, Palmen, Tempel auch des Brahma,
Ein lautlos tobendes Familiendrama
Mit Lebemännern dann und Maskenbällen.

Man zückt Revolver. Eifersucht wird rege,
Herr Piefke duelliert sich ohne Kopf,
Dann zeigt man uns mit Kiepe und mit Kropf
Die Älplerin auf mächtig steilem Wege.

Es zieht ihr Pfad sich bald durch Lärchenwälder,
Bald krümmt er sich und dräuend steigt die schiefe
Felswand empor. Die Aussicht in der Tiefe
Beleben Kühe und Kartoffelfelder.

Und in den dunklen Raum – mir ins Gesicht –
Flirrt das hinein, entsetzlich! nach der Reihe!
Die Bogenlampe zischt zum Schluß nach Licht –
Wir schieben geil und gähnend uns ins Freie.

O Nacht zärtlicher Sterne Gefunkel

O Nacht zärtlicher Sterne Gefunkel
In liebesklarer Luft
Lebendigen Traumes Flammendunkel.
Über schmalen Wegen der Bergeskluft,
Hoch im Gebirg' in den eisigen Gipfeln ein Raunen.
Musik der Seele. Tanz und Märchen erstaunen.

Mehr als zu sein und mehr als nicht zu sein!
Wer darf den Leib denn denken, den er liebt!
Wer darf vermessen durch die Wälder schrein,
Daß Gott ihm nie den Tag der Schönheit gibt?
Farbiger Rauch steigt auf aus den Städten der Qual,
Wo der weiße Bruder bedächtig die Tonpfeife raucht,
Wie ein Feuer von Fieberträumen hingehaucht,
Fern am lauernden Horizont.

Couplet

Bladdy Groth
War ein Mädchen von zartem Geblüt,
Bladdy Groth, Bladdy Groth ist tot.

Daß sich die unfreiwillig einbezogene Menschheit dabei als höchst zerbrechliche Spielsache entpuppt und ihre seelische Betroffenheit nur als eine Form von Verschnupftsein wahrgenommen wird, unterstreicht einmal mehr den geringen gemütlichen Anteil des Poeten an seinen kalkulierten Entstellungen. Zugleich mit dem bürgerlichen Spitzkopf wird dessen abgeblühtes Stimmungsleben demissioniert und zwar derart, daß das Gedicht wortwörtlich zur Teilnahmslosigkeit erstarrt und uns – statt uns gerührte Tränen abzunötigen – zu ahnungsvollem Hohngemecker verleitet.

Damit könnten wir die Interpretation des kleinen Verswerks durchaus auf sich beruhen lassen, wenn diese »Weltende« genannte Westentaschenapokalypse nicht noch zu weiteren Exegesen einlüde/eingeladen hätte. Ein Produkt des fulminant fruchtbaren Ausbruchjahres 1911 und als solches eine Weh- und Weissagung unter anderen, hat man es, rückblikkend, immer wieder als ahnungsvolle Vorausschau folgender Menschheitskatastrophen angesprochen. Interessanter als solche im nachhinein immer leicht zu erteilenden Prophetenweihen bedünkt mich allerdings, daß das Unheil hier ja weniger vorausgesehen als, in effigie, exekutiert wird und daß auch die viel beredete Enthumanisierung oder Depersonalisation nicht eigentlich das Angriffsziel des Gedichtes ausmacht, sondern einen integralen Teil seiner eigenen Daseinsform. Weit entfernt davon, sich mit langem Finger aus der Welt herauszuhalten, die es für kritik- und untergangswürdig hält, nimmt es auf paradox konkrete Weise Anteil an ihrer menschlichen Unterkühlung und deckt die latenten Entfremdungen der gesellschaftlichen Welt am eigenen Leibe auf. Nicht darin also liegt für uns die Glaubwürdigkeit von Poesie, daß das, was sie anzeigt, ausdrückt, darstellt, schildert oder ausmalt, nun auch tatsächlich stattfindet – sei es das eigene Ableben oder, eben, der Untergang der Welt. Vertrauenswürdig wird sie vielmehr erst dort, wo sie die Spannungen und Zerrüttungen der Welt auf sich selbst bezieht und zu ihren eigenen macht: als poetischen Turgor, sprachliche Gewebespannung.

Alfred Lichtenstein

Die Wehmut

Ich hab' einen Haß, einen grimmigen Haß
Und weiß doch selbst nicht recht auf was.

Ich bin so elend, so träge und faul
Wie'n abgeschundner Ackergaul.

Ich hab' einen bösen Zug im Gesicht.
Mir ist niemand Freund, ich will es auch nicht.

Ich hab' eine Wut auf die ganze Welt.
In der mir nicht mal mehr das Laster gefällt.

Und schimpfe und fluche, ich oller Tor
Und komme mir sehr dämonisch vor.

Ein Generalleutnant singt:

Ich bin der Herr Divisionskommandeur,
Seine Exzellenz.
Ich habe erreicht, was menschenmöglich ist.
Ein schönes Bewußtsein.
Vor mir beugen das Knie
Hauptleute und Regimentschefs,
Und meine Herren Generäle
Horchen auf meinen Befehl.
Wenn Gott will, beherrsche ich nächstens
Ein ganzes Armeekorps.
Frauen, Theater, Musik
Interessieren mich wenig.
Was ist das alles gegen
Parademärsche, Gefechte.
Wäre doch endlich ein Krieg
Mit blutigen, brüllenden Winden.
Das gewöhnliche Leben
Hat für mich keine Reize.

Sommerfrische

Der Himmel ist wie eine blaue Qualle.
Und rings sind Felder, grüne Wiesenhügel –
Friedliche Welt, du große Mausefalle,
Entkäm ich endlich dir . . . O hätt ich Flügel –

Man würfelt. Säuft. Man schwatzt von Zukunftsstaaten.
Ein jeder übt behaglich seine Schnauze.
Die Erde ist ein fetter Sonntagsbraten,
Hübsch eingetunkt in süße Sonnensauce.

Wär doch ein Wind . . . zerriß mit Eisenklauen
Die sanfte Welt. Das würde mich ergetzen.
Wär doch ein Sturm . . . der müßt den schönen blauen
Ewigen Himmel tausendfach zerfetzen.

Die Dämmerung

Ein dicker Junge spielt mit einem Teich.
Der Wind hat sich in einem Baum gefangen.
Der Himmel sieht verbummelt aus und bleich,
Als wäre ihm die Schminke ausgegangen.

Auf lange Krücken schief herabgebückt
Und schwatzend kriechen auf dem Feld zwei Lahme.
Ein blonder Dichter wird vielleicht verrückt.
Ein Pferdchen stolpert über eine Dame.

An einem Fenster klebt ein fetter Mann.
Ein Jüngling will ein weiches Weib besuchen.
Ein grauer Clown zieht sich die Stiefel an.
Ein Kinderwagen schreit und Hunde fluchen.

Spaziergang

Der Abend kommt mit Mondschein und seidner Dunkelheit.
Die Wege werden müde. Die enge Welt wird weit.

Opiumwinde gehen feldein und feldhinaus.
Ich breite meine Augen wie Silberflügel aus.

Mir ist, als ob mein Körper die ganze Erde wär.
Die Stadt glimmt auf: Die tausend Laternen wehn umher.

Schon zündet auch der Himmel fromm an sein Kerzenlicht.
. . . Groß über alles wandert mein Menschenangesicht–

Montag auf dem Kasernenhof

Die Hitze ist ganz klebrig an Gewehr und Hand.
Sie sticht die Augen aus. Kein Ding blieb unbesonnt.
Die Mannschaft trieft, noch halb betrunken, in dem Brand.
Starr stehn die Unteroffiziere vor der Front.

Die grelle Erde ist ein totes Karussell.
Nichts regt sich auf. Nichts stürzt. Kein bunter Himmel fliegt.
Sehr selten nur zerreißt ein heiseres Gebell
Die blaue Sau, die auf den Steinbaracken liegt.

Abschied

(kurz vor der Abfahrt zum Kriegsschauplatz für Peter Scher)

Vorm Sterben mache ich noch mein Gedicht.
Still, Kameraden, stört mich nicht.

Wir ziehn zum Krieg. Der Tod ist unser Kitt.
O, heulte mir doch die Geliebte nit.

Was liegt an mir. Ich gehe gerne ein.
Die Mutter weint. Man muß aus Eisen sein.

Die Sonne fällt zum Horizont hinab.
Bald wirft man mich ins milde Massengrab.

Am Himmel brennt das brave Abendrot.
Vielleicht bin ich in dreizehn Tagen tot.

Bemerkungen zu Alfred Lichtenstein »Nebel«

Was der Titel erwarten läßt, ist möglicherweise so etwas wie ein Naturgedicht, vielleicht ein stimmungsvolles Landschaftsgemälde. Stattdessen bekommen wir es – »*Ein* Nebel hat *die* Welt so weich zerstört« – mit einem poetischen Großwetter-Gutachten zu tun, der Diagnose eines fatalen oder unheilvollen Weltzustandes.

Ein Nebel hat die Welt so weich zerstört.
Blutlose Bäume lösen sich in Rauch.
Und Schatten schweben, wo man Schreie hört.
Brennende Biester schwinden hin wie Hauch.

Gefangne Fliegen sind die Gaslaternen.
Und jede flackert, daß sie noch entrinne.
Doch seitlich lauert glimmend hoch in Fernen
Der giftge Mond, die fette Nebelspinne.

Wir aber, die, verrucht, zum Tode taugen,
Zerschreiten knirschend diese wüste Pracht.
Und stechen stumm die weißen Elendsaugen
Wie Spieße in die aufgeschwollne Nacht.

Sie berührt uns um so befremdlicher, als wir selten vernommen haben, daß Vernebelung Vernichtung bedeutet, gar, daß Vernichtung sich so weich anläßt. Trotzdem muß diese ungewöhnliche Form der Weltaufweichung uns nicht durchaus nebulos bleiben. Wo die Welt als ganze undurchschaubar geworden ist, so lesen wir, so erkennen wir, dort erscheinen unversehens auch alle uns bekannten Einzelheiten verzaubert und verhext: anämisch zerfließende Bäume sehen uns so geisterhaft an wie die im Bodenlosen umherirrenden Hadesschatten und diese so verbiestert wie, eben, die »brennenden Biester«, die sich ohne realen Beweggrund zu Nichts auflösen.
Auf der anderen Seite – und hier beginnt nun allerdings das Zauberwesen dessen, was unsereiner Poesie und Lukács einen »Gipfel der idealistischen Verzerrung« nennt – werden uns die Einsichten des Gedichtes nicht einfach fernmündlich entwickelt oder an der Wandtafel demonstriert, sondern im Medium des Gedichtes selbst. Seine Wahrnehmungs-, aber auch seine Mitteilungsform zielen auf leibhaftige Einvernah-

me. Seine Entwicklungsmethoden sind solche der gemütlichen Involution. Seine spezifischen Künste bezeugen sich durch Beteiligung und, in der Tat, scheinen ein Nebelzustand und seine poetische Niederschlagsform hier kaum noch voneinander zu trennen. »Nebel« realisiert sich dichterisch als Geisterzug metaphorischer Nebelwasen, beziehungsweise als klebrig-ziehiges Klangkondensat, in das auch der empfindsame Leser unwiderstehlich hineingezogen wird.

Um die erwünschte Erkenntnis wird er bei Lichtenstein dennoch nicht gebracht. Schon in der zweiten Strophe, die scheinbar die Stimmung der ersten aufnimmt und fortführt, reißt nämlich das lautliche Feingespinst ziemlich unvermittelt auf. Die weiche und beinah süßliche Vokalität schwindet dahin, dagegen tritt ein härteres, ein hörbar anstößiges Konsonantengefüge hervor, klar dissonante g-f-Verbindungen, die das den Sirenenklängen hingegebene Ohr ganz neu in Spannung setzen. Gleichzeitig werden die bisher methodisch diffus gehaltenen Lichterscheinungen deutlich punktualisiert. Wo zunächst schemenhafte Bäume sich in Rauch auflösten und Feuerbiester sich im Zwielicht tummelten, nehmen wir jetzt ein Flackern und ein Glimmen wahr, das einerseits durch das Wort »Gaslaternen«, geortet, zum anderen mittels massiert auftretender Umstandsbestimmungen (»seitlich«, »hoch« und »fern«) an einen festen Platz verwiesen wird.
Das alles sind nun keineswegs bloß leere Formalitäten, so wenig wie die Loreleimusik der ersten Strophe inhaltsloses Gesummse war. Die totale Umorchestrierung des akustischen, optischen und grammatikalischen Apparates verkörpert und versinnbildlicht vielmehr einen Entwicklungssprung in der Weltwahrnehmung ganz allgemein. Entgegen der ubiquitären Panoramaoptik der ersten Strophe zieht sich der Blick in der ersten Zeile der zweiten schlagartig zusammen, und wo eben noch die Welt im vagen Waber lag, erkennen wir in der Zivilisationschiffre »Gaslaternen« (etwa dem heutigen Kennwort »Neon« gleichzusetzen) sogleich den neuen Handlungsschauplatz: Großstadt.
Damit verbindet sich notwendig und folgerichtig eine Umbesetzung innerhalb der dramatis figurae. Statt umrißloser und nur im Zerfließen erkennbar werdender Irrwische werden

auf der zweiten Anschauungsstufe, auch als Traumphase II zu bezeichnen, nun sehr konzise Schreckensbilder oder Zwangserscheinungen freigesetzt. Das neblige Weltengrauen beginnt sich aufzulichten, allerdings nur strähnenhaft, und was das Bild und mit ihm zugleich das Bewußtsein beherrscht, ist ein abendfüllendes Fangnetz mit zappelnden Fliegen hier und einer giftig lauernden Spinne dort: dem gefräßigen Mond, der den verängstigten Laternen nach dem Lebenslicht trachtet.
Ohne daß wir dem Gedicht zu nahe treten wollen, so nah, daß wir seinem imaginativen Wesen auf die Schleppe treten, können wir der zweiten Strophe doch auch einige Erkenntnisse entnehmen. Immerhin bleibt festzuhalten, daß zwei prominente und in der Literatur nicht unbeachtet gebliebene Leuchterscheinungen sich eine bestialische Metamorphose haben gefallen lassen müssen. Daran schließt sich zwanglos die Vermutung, daß der Zivilisationsleuchte gewiß nicht bloß zufällig Gefahr von einem kosmischen Elementarkörper her droht.
Wenn wir nun noch hinzunehmen – was vielleicht auch nicht nur hergeholt ist – daß das oberste Erleuchtungssymbol zweier tief irrational veranlagter Kunstperioden, der sentimentalen und der romantischen Epoche, einem eingeführten Markenzeichen des technisch geheißenen Zeitalters zu Leibe rückt, dann enthüllt sich ein scheinbar unvernünftiger Alptraum eigentlich ganz plausibel als das Bangen um die ständig gefährdete Aufklärung, das immer wieder neu in Frage gestellte Menschenlicht. Das Signet »Irrationalismus« jedenfalls, den diversen expressionistischen Künstlern ziemlich pauschal und unterschiedslos aufgepappt, zerlöst sich vor der dialektischen Wahrheit des einzelnen Kunstwerks oft selbst zu Nebelseim und Kuckucksspucke.
In der dritten Strophe geht das offensichtliche Bedürfnis nach Helligkeit noch einmal wie ein Ruck durch das Gedicht. Wie ein Schläfer, der sich mit angestrengtestem Willensaufwand von seinen Alpträumen zu befreien versucht, ringt sich, abrupt und scheinbar unvermittelt, ein *»Wir«* ans Licht, leidensgezeichnet und böser Vorahnungen voll, *aber* aufs äußerste entschlossen, diese Welt des Zwielichts und der oxymorösen Doppeldeutigkeiten zu »zerschreiten«.

Das eigenwillig intensivierte Tätigkeitswort hat es in sich. Nicht auf das vielleicht von uns erwartete »durchschreiten« wird zurückgegriffen. Auch das viel näher liegende »Zerreißen« genügt dem Ausdruckskünstler nicht. Mit dem poetischen Neologismus »Zerschreiten« (akustisch intensiviert durch das die Totenstille mächtig aufstörende »knirschend«) kündigt sich eine qualitativ veränderte Wirkkraft an: der Aufbruchszorn einer neuen Generation. Was die Welt gefährdet und gleichermaßen gefährlich erscheinen läßt, ist allem anderen voran ihre Undurchschaubarkeit. Was den Mangel an Einblick und ein getrübtes Bewußtsein notwendig begleitet, ist die Zwangsproduktion von immer neuen Larven und Lemuren: im Gedicht genealogisch entwickelt als Übergang vom Gespenstersehen zur magischen Tiermetaphorik. Erst in der dritten Strophe tritt der Mensch als Willensträger in Erscheinung, aufrechten Ganges und geschärft-gespitzten Auges.

Nicht unterschlagen werden darf allerdings, daß die Welt mit solchen Willensakten allein noch nicht ins Reine kommt. Die Augen, demonstrativ als Erkenntnisorgan ausgefahren und mit Bezeichnungen wie »stechen« und »Spieße« hinreichend als Waffen ausgewiesen, können dennoch das Doppeltrauma einer dunklen Herkunft und einer nicht minder trüben Zukunft nicht einfach abtun von ihren Lidern. So gesellen sich diesen Kennzeichen des Aktivismus unversehens solche der Belastung und Entfremdung, und was wir möglicherweise lieber unbeirrt ins Licht streben sähen, scheint durch die Grauensattribute »stumm«, »weiß« und »elend« von vornherein in seinem Innovationsbemühen beeinträchtigt.
Die Beobachtung solcher Widersprüche trifft so wohl zu wie der Vorwurf der Unentschiedenheit an der Wahrheit des Gedichtes vorbeigeht. Wo ein Gedicht sich dafür entschieden hat, die Wahrheit zu sagen und nichts als die Wahrheit, darf es nicht einfach schöne Aussichten vorspiegeln, die weder objektiv, noch subjektiv gegeben sind. Wohl kann es von Willensimpulsen sprechen. Wohl von der wütigen Lust, Umnachtungen und Vernebelungen zu transzendieren. Dagegen würde es unglaubwürdig werden, wenn es uns verspräche, daß objektive Zwangslagen subjektiv und im dichterischen Alleingang aufzuheben wären.

Paul Boldt

Junge Pferde

Wer die blühenden Wiesen kennt
Und die hingetragene Herde,
Die, das Maul am Winde, rennt:
Junge Pferde! Junge Pferde!

Über Gräben, Gräserstoppel
Und entlang den Rotdornhecken
Weht der Trab der scheuen Koppel,
Füchse, Braune, Schimmel, Schecken!

Junge Sommermorgen zogen
Weiß davon, sie wieherten.
Wolke warf den Blitz, sie flogen
Voll von Angst hin, galoppierten.

Selten graue Nüstern wittern,
Und dann nähern sie und nicken,
Ihre Augensterne zittern
In den engen Menschenblicken.

Die Sintflut

Die Wolken wachsen aus den Horizonten
Und trinken Himmel mit den Regenhälsen.
Die Menschen bissen auf den höchsten Felsen
In weiße Stirnen, die nicht denken konnten,

Daß Läuse aus dem Meer, die See, krochen.
Im Abendsturm ertranken lange Pappeln. –
Sie hörten auf der Nacht die Sterne trappeln,
Die in dem All den warmen Erdrauch rochen,

Dann schwamm die Sonne in dem glatten Wasser.
Das Wasser fiel. Die See faulten ab.
Die Erde trug der Meere hellen Schurz.

Die Sterne standen, von Begierde blasser,
Mit dünnem Atem an des Ostens Kap.
Ein Stern sprang nach der Erde, sprang zu kurz.

Herbstgefühl

Der große, abendrote Sonnenball
Rutscht in den Sumpf, des Stromes schwarze Eiter,
Den Nebel leckt. Schon fließt die Schwäre breiter,
Und trübe Wasser schwimmen in das Tal.

Ins finstre Laub der Eichen sinken Vögel,
Aasvögel mit den Scharlachflügeldecken,
Die ihre Fänge durch die Kronen strecken,
Und Schreien, Geierpfiff, fällt von der Höhe.

Ach, alle Wolken brocken Dämmerung!
Man kann den Schrei des kranken Sees hören
Unter der Vögel Schlag und gelbem Sprung

Wie Schuß, wie Hussa in den schwarzen Föhren
Ist alle Farbe! Von dem Fiebertrunk
Glänzen die Augen, die dem Tod gehören.

Novemberabend

Es weht. Das Abendgold ist eine Fahne,
Die von den Winden schon erbeutet wird.
Ein etwas Herbst in der Platane,
Ein gelles Chrom verweht, verwird.

In Wolken gleich verkohlten Stämmen
Riecht man die tote Sonne noch;
Dann das Einatmen, Drängen, Dämmen –
Einsamkeiten kommen hoch.

Linden

Mit Wald gepudert und Laternenschein,
Schreiten die Linden und ein paar Platanen
– Unter den Bäumen sind sie Kurtisanen –
Den Mädchenstrom Kurfürstendamm hinein.

Ihr Wäldermädchen mit den Laubfrisuren –
Man muß wohl Wind sein, um euch zu umarmen.
Hübsche Dryaden, träumt ihr von den Farmen
Am Strom und Wiesen zwischen Weizenfluren?

Den Pfeil von Glühlicht in dem grünen Haar,
Aha! Ihr seid schon elegant geworden,
Jüdinnen, – die ich liebte, ein Barbar,

Im Blut Unwetter und den wilden Norden.
Es schien der Mond, verlor sich ohne Rest,
Jetzt liegt er da, ein Ei, im Wolkennest.

Tiergarten

Birken und Linden legen am Kanal
Unausgeruhtes sanft in seinen Spiegel.
Ins Nachtgewölbe rutscht der Mond, ein Igel,
Der Sterne jagt und frißt den Himmel kahl.

Mädchen sind da, und wir sind sehr vergnügt.
Ich schmeiße nach dem dicken Mond mit Steinen;
Die Betty küßt mich, und er soll nicht scheinen,
Weil Bella schweigt und naserümpfend rügt.

Die Sommerstädte liegen um den Park.
Es wird sehr hübsch! Der Süden wandert ein!
Die Sonne wächst! Wie nackte Männer stark

Schreiten die Tage, Frühjahr in den Hüften.
Die schwarzen Linden kommen überein,
Morgen zu grünen in den süßen Lüften!

Friedrichstraßenkroki 3 Uhr 20 Nachts

Die Friedrichstraße trägt auf Stein
Die blassen Gewässer des Lichtes.
Die Dirnen umstehn mit Hirschgeweihn
Die Circe meines Gesichtes.

Ich schaue: – Der Träume Phosphor rinnt
In zwei, vier Menschenaugen neu.
– Wie eine Katze springt, gefleckt, der Wind
zwischen des Asphalts Lichterstreu

Und trägt den fetten, weißen Rauch
Im Maul den jungen Winden ins Nest.
Er faßt die Dirnen an den Bauch
Und klemmt die dünnen Röcke fest.

– Da sind Gesichter, lachen nett,
Daß alle Zähne blecken müssen;
Die Louis zeigen ihr Skelett,
Louise läßt mich ihres küssen.

In der Welt

Ich lasse mein Gesicht auf Sterne fallen,
Die wie getroffen auseinander hinken.
Die Wälder wandern mondwärts, schwarze Quallen,
Ins Blaumeer, daraus meine Blicke winken.

Mein Ich ist fort. Es macht die Sternenreise.
Das ist nicht Ich, wovon die Kleider scheinen.
Die Tage sterben weg, die weißen Greise.
Ichlose Nerven sind voll Furcht und weinen.

Das Wiedersehen

Wie warnend leuchten schwarze Fensterscheiben.
Mystische Telefone knacken, knacken –:
Dastehst du nahe mit beweinten Backen,
Plastik aus Rauch.
Ich drehe angstvoll mein Gesicht zum Nacken
Und steige zitternd aus aus euren Häusern.

Sind das die Häuser? Ist die Nacht aus Stein?
Ich mache langsam Schritte in Berlin.
Kein Mensch. Herabgestürzte Jalousien.
Ich habe keinen Wunsch, einer zu sein.

Ferdinand Hardekopf

Spät

Der Mittag ist so karg erhellt.
Ein dunkler See sinkt in sein Grab.
Dies ist das letzte Licht der Welt,
Das bleichste Glimmen, das es gab.

Aus Sümpfen schwankt Gestrüpp und Baum.
Die Birken-Nerven ästeln weh.
Die Zeit erblaßt, es krankt der Raum.
Es gilbt das Schilf im toten See.

Die Luft strömt grau ins Mündungs-All.
Der Rabe schreit. Der Wald schläft ein.
Mich trennt ein rascher Tränenfall
Vom Ende und der Flammenpein.

Spleen

Ein Bündel Mond erreichte mein Gesicht
Um 3 Uhr nachts, ein Quantum Butterlicht,
Und mahnte [3 Uhr 2]: ›Ein Spuk-Gedicht,
Nervös-geziert, ist Literatenpflicht!‹

Die Kammer dehnte sich verbrecher-hell.
Der Mond ein Dotterball, schien kriminell.
Da stieg die Dame Angst[-Berlin] reell
Auf ihr imaginäres Karussell.

Ein Schneiderkleid umpreßte mit Radau
Die Dame Angst: die Gift- und Gnadenfrau.
Doch das Zitronen-Eis [um 3 Uhr 5 genau]
Versank in Bar-Fauteuils aus Dämmerblau. –
Nachhüstelnd, matt-dosiert: ›Macabre-Bar!
Ihr lila Blicke! Schweflig Tulpenhaar!
Aus Puderkrusten Tollkirsch-Kommentar!
Ein Gruß: du noctambules Seminar!‹
. . . So. 3 Uhr 10. Wie süß verwirrt ich war!

Splendeurs et misères des courtisans

Aus der steilen, transparenten Nudel
Quillt ein Quantum Quitten-Quark empor,
Ballt sich, physisch, zum gewürzten Strudel,
Kreist: ein Duftballon aus einem Rohr.

Wann [und wo?] war Schweben delikater?
In der Spannung wird man blaß, wie Chrom.
Lehr- und Schüler folgen dem Theater.
Doch der Stern genießt sich autonom.

Hohe Hirnkraft wallt zu diesem Gase.
Da bestülpt der sachlichste Adept
Das Gestirn mit einem Stengelglase,
Darin dottrig etwas Ei verebbt.

Notiz

nachts (2 h 45 bis 2 h 47 matin)

Böses Stampfen! (Vom Lauschen, vom Warten . . .)
Grünliches Hämmern, wie in der Chloroform-Narkose!
Ein Pumpwerk zerstößt die Nacht,
Dröhnt.
Mein Herz explodiert.
Die Angst arbeitet rhythmisch, exakt.
Aus einer Röhre, einem Trichter (einer Trompete?)
Fließt schleimiger Schein:
Das morastgelbe Licht der Welt – meiner Welt.
Der Lichtkegel trifft mein Ohr.
Leider bin ich verdammt, aus diesem schmutzigen Licht
  Angst zu pulsen, den Schein in Grauen zu transformieren,
  in Sentiments, in Elend-Quatsch.
Das dauert gewiß bis zum Grauen der Dämmerung
  hinter den Gardinen.
(O: das gute Angelus-Läuten!
Hirten auf dem Felde,
Kartoffelbauern auf dem Felde Millets!
Liebe Demut ihres gebeugten Rückens!)

. . . Ich bin einer, der nicht in Betracht kommt,
Kein Leben, keine Schminke um mich.
Nur die Angst meine Dame.
(Blicke kratzten, stächen mich,
Ich schriee, stampfte – hautlos ich.)
. . . Nur verschrumpfte Gebete gelingen,
Keine Gebet-Kunstwerke.
Eine Schmach ist's, von der Angst erlöst sein zu wollen;
Eine Schmach ist's, glücklicher sein zu wollen,
  als äußerst unglücklich . . .
Es irritiert die geringste geglückte . . . Harmonie.
. . . Warum nicht das äußerste?
Das isolierte Brennen heiliger Nervenspitzen,
  letzter Nahrung des Brandes?
Zuckende Reserven, züngelnd im Dampf, im Krampf.

– – – Übrigens bin ich durchaus imstande, den Ablauf solcher Empfindungen brüsk zu unterbrechen, ›Amerikanismus‹ anzuordnen und, mit einer Zigarette, kühlsten Herzens weiterzulesen in Henri Beyles: ›Le Rouge et le Noir‹. Selbstverständlich.
Die Lampe brennt ja noch.

Baum

Zerdachter Turm,
Runenfels,
Furchensäule,
Gerieftes Bewußtsein:
Wagst Weite und Wolken, wie du willst,
Dich splitternd in die Nuancen,
In die Scheine deiner Dunkelheit.
Welchem Geiste gelänge solche Verzweigung,
Welcher Weisheit solche Verästelung,
Welchem Raffinement solche Zerblätterung?
Baum!
In zitternde Strahlen zerlegst du
Deine Nervosität.
Aber deine Äste leimt zart

Sphärenblauer Eiter des Mittags, zerschichtet
   von den kupfer-goldnen Telegraphenhaaren der Spinne.
Sehr absichtlich trägst du
Epheu, modernes Moos
   und die auffallende Lyrik einiger Vögel.
. . . Doch, bitte,
Bäume dich,
Und wehre dem Einkleid,
Zu bedrohen
Deine
Différenciation.

Bemerkungen zu Ferdinand Hardekopf »Zwiegespräch«

Es gibt so alt eingeführte Gegensatzpaare und Antinomien wie den Schein und das Sein, wie Form und Inhalt, das Ding-an-sich und die Erscheinung, das Wesen und den Wahn, die die Welt der idealistischen Philosophien durchgeistern als wären sie wirklich was. Als wären sie ganz und gar wirklich, so wirklich wie Himpelchen und Pimpelchen, sehen wir zwei dieser uns lieb und teuer gewordenen und inzwischen sogar promovierten Gegenfüßler ein Café betreten, was ja nichts anderes heißen kann als eine Stätte der Kommunikation und des Ideenaustausches.

Doctor Schein und Doctor Sinn
Gingen ins Café;
Schein bestellte Doppel-Gin,
Sinn bestellte Tee.

Seitlich von dem Plauderzweck
Nahmen sie dabei:
Schein – verlognes Schaumgebäck;
Sinn – verlornes Ei.

Dialog ward Zaubertext,
Nekromantenspiel;
Zwieseits wurde hingehext,
Was dem Geist gefiel,

Was dem Sinn Erscheinung schien,
Was der Schein ersann.
Schein gab Sinn, und dieser ihn,
Und die Zeit verrann.

Und die Stunde kam herein
Leis' des Dämmerlichts.
Sein verging zu Lampenschein,
Sinn verging zu nichts.

Da sich die Herren Doctores Schein und Sinn mit dem uns zugesagten Zwiegespräch allerdings noch etwas Zeit lassen, fassen wir uns am besten noch ein wenig in Geduld und stille Beobachtung. Die Mühe verlohnt sich auch durchaus, als die Herrschaften ja nicht untätig bleiben und ihre Bestellungen aufgeben. Der Herr Doctor Schein, man hätte es fast vorhersagen können, hält sich dabei ganz demonstrativ an die illuminierenden Sachen. Er ordert Gin, einen doppelten sogar, wohl um seinem Partner schon im Apriori zu imponieren. Der Herr Sinn, der unter geistigen Getränken eher etwas Erhellendes und Muntermachendes versteht, läßt sich dagegen einen Tee auftragen. So steht nun das Scharfe gegen das Klare, der Aufreißer gegen den Erweckungstrank, wir hören bereits das antagonistische Klingeln der Gläser und warten auf die Dinge die da kommen sollen.
Es kommen aber statt der erhofften Konfrontationen wirklich wieder nur Dinge. Ganz en passant, beziehungsweise mit den Worten des Gedichtes »seitlich von dem Plauderzweck« wird hier ein wenig Näscherei, dort etwas Nahrung zu sich genommen, bis wir auf einmal merken, daß sich in den vorgeschobenen Handlungen bereits soetwas wie Wesen offenbart. Der Herr Schein, den wir mit Spirituosen hatten auftrumpfen sehen, hält sich an seinen Stil und also an »verlogenes Schaumgebäck«, eine Sache, die etwas von sich hermacht. Der Herr Sinn bevorzugt dagegen Dinge, die etwas hergeben, »verlorenes Ei« zum Beispiel.

Trotzdem werden wir – kaum daß wir die beiden anhand ihrer Eßgewohnheiten glauben, erkannt zu haben – schon wieder schwankend an so klar umrissenen Charakterbildern. Lebt dieser Schein, der sich zunächst im Schnaps und dann im Schaum bespiegelt, nicht eigentlich ganz ehrlich aus sich selbst heraus, und ist nicht gerade dieser so reell erscheinende Herr Sinn ein Illusionist und Unsicherheitskandidat, der sich Substanz von außen her zuführen muß? Fragen über Fragen und schließlich noch diese uns selbst betreffende, ob sich, wo wir uns unsere Ideen leibhaftig vorzustellen belieben und sie in Anzüge stecken und in die Welt entlassen, nicht alles bereits von sich aus hexerisch und purer Verwandlungszauber wird.

Es wird – es »ward«! Mit dem Glauben an die Verhandgreiflichung von Ideen haben wir keineswegs den Boden der Realitäten betreten, sondern uns ins Luftreich der Phantasie begeben, in die Gefilde der Dichterei. Hier kann ein Wort zum Wesen werden und ein Ding zum Zeichen. Hier schlägt sich Gehalt vielleicht am deutlichsten im schönen Abglanz nieder oder es kann ein Begriff so etwas luftiges wie einen Gedanken fest beim Wickel packen. Überhaupt herrscht ein ständiger Transsubstantiationsprozeß zwischen dem, was wir Wirklichkeit nennen und dem, was uns eine Idee zu sein scheint, ein magischer Beziehungszauber, oder, wie es im Gedicht heißt, ein »Nekromantenspiel«.
Was ein Nekromant ist, wissen wir oder können es anders leicht im Duden nachschlagen: es handelt sich um einen Totenerwecker oder einen Geisterbeschwörer. Und, siehe da, die Dichtkunst! – kaum, daß das Wort gefallen ist, da taucht er auch schon auf, der Geist-persönlich: etwas Komplexes aus Schein und Sinn zusammengenommen, eine Synthese aus Gehalt und Sprachgestalt, aus Essenz und Beleuchtung, trotzdem kein auf die Stelle gebanntes Festgebilde er selbst, sondern ein Wandelwesen, eine Zwiekraft, ein Veränderungsprinzip, das in der wechselseitigen Bewegung beider Untergeister freudig sich erkennt. In seinem Herrschaftsbereich, seiner Wirkungssphäre wird ein Dialog sogar zur dialektischen Auseinandersetzung. Wo der Sinn dem Schein sein illudiertes Wesen beweisen möchte, kann er es nur an Hand

der schwankenden Erscheinungen. Und wo der Schein sich auf das eigene Sein besinnt, hebt er im Grunde sich selber auf und tritt an die Stelle von Sinn.

Daß wir uns bei alledem keineswegs in einem bloßen Traumreich und auch nicht in der puren Unwirklichkeit bewegen, wird uns spätestens von der letzten Zeile der vierten Strophe an klar. Die Zeit vergeht-verrinnt, wie uns ausdrücklich mitgeteilt wird, der Tag läuft unaufhaltsam auf den Abend zu, und was wir für eine Geisterstunde hielten, wird unmißdeutbar auf die lichte Tageszeit zurückdatiert. Damit ist gleichzeitig gesagt, daß solche dialektischen Operationen des Geistes eine Angelegenheit des vollen Bewußtseins sind. Erst die Dämmerung, die die Konturen der Gegensätze verschwimmen macht, läßt auch die Kontroversen zur Ruhe kommen und die sich wechselseitig agitierenden Widersprüche sanft zusammenfallen.

Die letzte Frage, freilich, ob nun der Schein im Lampenschein triumphiert und ob der Konterpart sich angesichts solcher magischen Materialisation sinnlos ins Nichts verliert, wage ich nicht von mir aus und auch nicht in Prosa zu entscheiden. Bitten wir also der Abwechslung und der Erhellung halber einmal ein Gedicht mit in die Diskussion. Einen Gedichtschluß, genau genommen, er stammt von Bertolt Brecht und kann – je nach Einstellung des Lesers – für eine marxistische Wahrheit oder für einen sibyllinischen Weisspruch gehalten werden:

> Wenn die Irrtümer verbraucht sind
> Sitzt als letzter Gesellschafter
> Uns das Nichts gegenüber.

Else Lasker-Schüler

Weltende

Es ist ein Weinen in der Welt,
Als ob der liebe Gott gestorben wär,
Und der bleierne Schatten, der niederfällt,
Lastet grabesschwer.

Komm, wir wollen uns näher verbergen . . .
Das Leben liegt in aller Herzen
Wie in Särgen.

Du! wir wollen uns tief küssen –
Es pocht eine Sehnsucht an die Welt,
An der wir sterben müssen.

Ein Lied

Hinter meinen Augen stehen Wasser,
Die muß ich alle weinen.

Immer möcht ich auffliegen,
Mit den Zugvögeln fort;

Buntatmen mit den Winden
In der großen Luft.

O ich bin so traurig – – – –
Das Gesicht im Mond weiß es.

Drum ist viel samtne Andacht
Und nahender Frühmorgen um mich.

Als an deinem steinernen Herzen
Meine Flügel brachen,

Fielen die Amseln wie Trauerrosen
Hoch vom blauen Gebüsch.

Alles verhaltene Gezwitscher
Will wieder jubeln,

Und ich möchte auffliegen
Mit den Zugvögeln fort.

Abschied

Aber du kamst nie mit dem Abend –
Ich saß im Sternenmantel.

. . . Wenn es an mein Haus pochte,
War es mein eigenes Herz.

Das hängt nun an jedem Türpfosten,
Auch an deiner Tür;

Zwischen Farren verlöschende Feuerrose
Im Braun der Guirlande.

Ich färbte dir den Himmel brombeer
Mit meinem Herzblut.

Aber du kamst nie mit dem Abend –
. . . Ich stand in goldenen Schuhen.

Giselheer dem Heiden

Ich weine –
Meine Träume fallen in die Welt.

In meine Dunkelheit
Wagt sich kein Hirte.

Meine Augen zeigen nicht den Weg
Wie die Sterne.

Immer bettle ich vor deiner Seele;
Weißt du das?

Wär ich doch blind –
Dächte dann, ich läg in deinem Leib.

Alle Blüten täte ich
Zu deinem Blut.

Ich bin vielreich,
Niemandwer kann mich pflücken;

Oder meine Gaben tragen
Heim.

Ich will dich ganz zart mich lehren;
Schon weißt du mich zu nennen.

Sieh meine Farben.
Schwarz und stern

Und mag den kühlen Tag nicht,
Der hat ein Glasauge.

Alles ist tot,
Nur du und ich nicht.

Ein alter Tibetteppich

Deine Seele, die die meine liebet,
Ist verwirkt mit ihr im Teppichtibet.

Strahl in Strahl, verliebte Farben,
Sterne, die sich himmellang umwarben.

Unsere Füße ruhen auf der Kostbarkeit,
Maschentausendabertausendweit.

Süßer Lamasohn auf Moschuspflanzenthron,
Wie lange küßt dein Mund den meinen wohl
Und Wang die Wange buntgeknüpfte Zeiten schon?

Gebet

Ich suche allerlanden eine Stadt,
Die einen Engel vor der Pforte hat.
Ich trage seinen großen Flügel
Gebrochen schwer am Schulterblatt
Und in der Stirne seinen Stern als Siegel.

Und wandle immer in die Nacht ...
Ich habe Liebe in die Welt gebracht –
Daß blau zu blühen jedes Herz vermag,
Und hab ein Leben müde mich gewacht,
In Gott gehüllt den dunklen Atemschlag.

O Gott, schließ um mich deinen Mantel fest;
Ich weiß, ich bin im Kugelglas der Rest,
Und wenn der letzte Mensch die Welt vergießt,
Du mich nicht wieder aus der Allmacht läßt
Und sich ein neuer Erdball um mich schließt.

Gottfried Benn

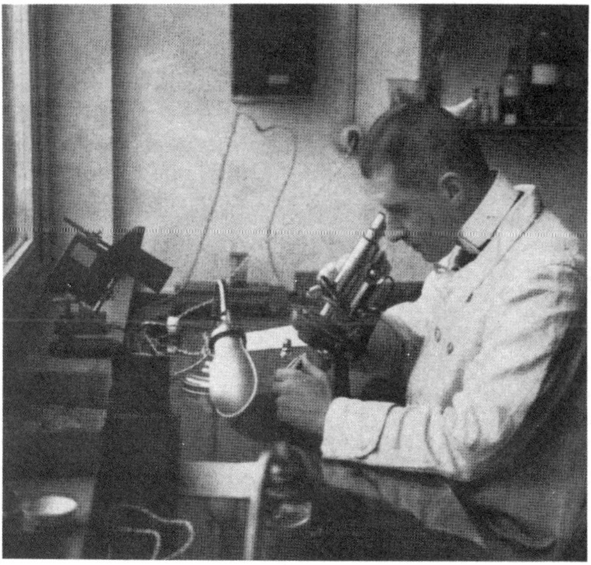

Schöne Jugend

Der Mund eines Mädchens, das lange im Schilf gelegen hatte.
sah so angeknabbert aus.
Als man die Brust aufbrach, war die Speiseröhre so löcherig.
Schließlich in einer Laube unter dem Zwerchfell
fand man ein Nest von jungen Ratten.
Ein kleines Schwesterchen lag tot.
Die andern lebten von Leber und Niere,
tranken das kalte Blut und hatten
hier eine schöne Jugend verlebt.
Und schön und schnell kam auch ihr Tod:
Man warf sie allesamt ins Wasser.
Ach, wie die kleinen Schnauzen quietschten!

Untergrundbahn

Die weichen Schauer. Blütenfrühe. Wie
aus warmen Fellen kommt es aus den Wäldern.
Ein Rot schwärmt auf. Das große Blut steigt an.

Durch all den Frühling kommt die fremde Frau.
Der Strumpf am Spann ist da. Doch, wo er endet,
ist weit von mir. Ich schluchze auf der Schwelle:
laues Geblühe, fremde Feuchtigkeiten.

Oh, wie ihr Mund die laue Luft verpraßt!
Du Rosenhirn, Meer-Blut, du Götter-Zwielicht,
du Erdenbeet, wie strömen deine Hüften
so kühl den Gang hervor, in dem du gehst!

Dunkel: nun lebt es unter ihren Kleidern:
nur weißes Tier, gelöst und stummer Duft.

Ein armer Hirnhund, schwer mit Gott behangen.
Ich bin der Stirn so satt. Oh, ein Gerüste
von Blütenkolben löste sanft sie ab
und schwölle mit und schauerte und triefte.

So losgelöst. So müde. Ich will wandern.
Blutlos die Wege. Lieder aus den Gärten.
Schatten und Sintflut. Fernes Glück: ein Sterben
hin in des Meeres erlösend tiefes Blau.

Gesänge

I

O daß wir unsere Ururahnen wären.
Ein Klümpchen Schleim in einem warmen Moor.
Leben und Tod, Befruchten und Gebären
glitte aus unseren stummen Säften vor.

Ein Algenblatt oder ein Dünenhügel,
vom Wind Geformtes und nach unten schwer.
Schon ein Libellenkopf, ein Möwenflügel
wäre zu weit und litte schon zu sehr.

II

Verächtlich sind die Liebenden, die Spötter,
alles Verzweifeln, Sehnsucht, und wer hofft.
Wir sind so schmerzliche durchseuchte Götter
und dennoch denken wir des Gottes oft.

Die weiche Bucht. Die dunklen Wälderträume.
Die Sterne, schneeballblütengroß und schwer.
Die Panther springen lautlos durch die Bäume.
Alles ist Ufer. Ewig ruft das Meer –

O Nacht –

O Nacht! Ich nahm schon Kokain,
und Blutverteilung ist im Gange,
das Haar wird grau, die Jahre fliehn,
ich muß, ich muß im Überschwange
noch einmal vorm Vergängnis blühn.

O Nacht! Ich will ja nicht so viel,
ein kleines Stück Zusammenballung,
ein Abendnebel, eine Wallung
von Raumverdrang, von Ichgefühl.

Tastkörperchen, Rotzellensaum,
ein Hin und Her und mit Gerüchen,
zerfetzt von Worte-Wolkenbrüchen –:
zu tief im Hirn, zu schmal im Traum.

Die Steine flügeln an die Erde,
nach kleinen Schatten schnappt der Fisch,
nur tückisch durch das Ding-Gewerde
taumelt der Schädel-Flederwisch.

O Nacht! Ich mag dich kaum bemühn!
Ein kleines Stück nur, eine Spange
von Ichgefühl – im Überschwange
noch einmal vorm Vergängnis blühn!

O Nacht, o leih mir Stirn und Haar,
verfließ dich um das Tag-verblühte;

sei, die mich aus der Nervenmythe
zu Kelch und Krone heimgebar.

O still! Ich spüre kleines Rammeln:
Es sternt mich an – es ist kein Spott –:
Gesicht, ich: mich, einsamen Gott,
sich groß um einen Donner sammeln.

Prolog zu einem deutschen Dichterwettstreit

Verlauste Schieber, Rixdorf, Lichtenrade,
sind Göttersöhne und ins Licht gebeugt,
Freibier für Luden und Spionfassade –
der warme Tag ist's, der die Natter zeugt:
Am Tauentzien und dann die Prunkparade
der Villenwälder, wo die Chuzpe seucht:
Fortschritt, Zylinderglanz und Westenweiße
des Bürgermastdarms und der Bauchgeschmeiße.

Jungdeutschland, hoch die Aufbauschiebefahne!
Refrains per Saldo! Zeitstrom, jeder Preis!
Der Genius und die sterblichen Organe
vereint beschmunzeln ihm den fetten Steiß.
Los, gebt ihm Lustmord, Sodomitensahne
und schäkert ihm den Blasenausgang heiß
und singt dem Aasgestrüpp und Hurentorte:
Empor! (zu Kaviar) Sursum! (zur Importe).

Vergeßt auch nicht die vielbesungene Fose
mit leichter Venerologie bedeckt,
bei Gasglühlicht und Saint-Lazare die Pose
das kitzelt ihn; Gott, wie der Chablis schmeckt.
Und amüsiert das Vieh und Frau Mimose
will auch was haben, was ein bißchen neckt –
Gott, gebt ihr doch, Gott, steckt ihr doch ein Licht
in die – ein Licht des Geistes ins Gesicht.

Die Massenjauche in den Massenkuhlen
die stinkt nicht mehr, die ist schon fortgetaut.
Die Börsenbullen und die Bänkeljulen,
die haben Deutschland wieder aufgebaut.

Der Jobber und die liederreichen Thulen,
zwei Ferkel, aus demselben Stall gesaut –
Streik? Doofe Bande! Eignes Licht im Haus!
Wer fixt per Saldo kessen Schlager raus?

Avant! Die Hosen runter, smarte Geister,
an Spree und Jordan großer Samenfang!
Und dann das Onanat mit Demos-Kleister
versalbt zu flottem Nebbich mit Gesang.
Hoch der Familientisch! Und mixt auch dreister
den ganzen süßen Westen mitten mang –
Und aller Fluch der ganzen Kreatur
gequälten Seins in eure Appretur.

Bemerkungen zu Gottfried Benn »Mann und Frau gehn durch die Krebsbaracke«

Nehmen wir einmal an, »Mann und Frau gehen ...« wäre ein Liebesgedicht. Die Disposition spricht schon einmal nicht dagegen: ein Mann vom Bau, Arzt, Kenner der Verhältnisse und Örtlichkeiten führt eine Zweite-Person-Einzahl, das heißt ein weibliches Du in seinen Wirkungsbereich ein, scheinbar gelassen, scheinbar zynisch und von oben her: hier dies, hier das, eine stinkende Vorhölle, ein verglimmendes Fegefeuer, eine bettengesäumte Friedhofsauffahrt: *mein Spezialrevier!*

Der Mann:
Hier diese Reihe sind zerfallene Schöße
und diese Reihe ist zerfallene Brust.
Bett stinkt bei Bett. Die Schwestern wechseln stündlich.

Komm, hebe ruhig diese Decke auf.
Sieh, dieser Klumpen Fett und faule Säfte,
das war einst irgendeinem Mann groß
und hieß auch Rausch und Heimat.

Komm, sieh auf diese Narbe an der Brust.
Fühlst du den Rosenkranz von weichen Knoten?
Fühl ruhig hin. Das Fleisch ist weich und schmerzt nicht.

Hier diese blutet wie aus dreißig Leibern.
Kein Mensch hat so viel Blut.
Hier dieser schnitt man
erst noch ein Kind aus dem verkrebsten Schoß.

Man läßt sie schlafen. Tag und Nacht. – Den Neuen
sagt man: hier schläft man sich gesund. – Nur sonntags
für den Besuch läßt man sie etwas wacher.

Nahrung wird wenig noch verzehrt. Die Rücken
sind wund. Du siehst die Fliegen. Manchmal
wäscht sie die Schwester. Wie man Bänke wäscht.

Hier schwillt der Acker schon um jedes Bett
Fleisch ebnet sich zu Land. Glut gibt sich fort.
Saft schickt sich an zu rinnen. Erde ruft.

Um an dieser frühen Stelle nur ja keine Mißverständnisse aufkommen zu lassen. Natürlich leiht der Gestus von Chefvisite mit Falldemonstration hier nur das äußere Gewand, das Schutzkleid, nur den gefühlsundurchlässigen Klinikkittel her, um zu Demonstrationen völlig anderer und gewiß ernsterer Art hinzuleiten. Zwischen dem hämmernden »Hier« und dem drängenden »Komm« der ersten vier Strophen wird ein Geheimnis gelüftet, das – »Komm, hebe ruhig diese Decke auf« – von Zeile zu Zeile an Mysterium verliert und schließlich als erbarmenslose Grauenswahrheit auf dem Seziertisch liegt: Die Hinfälligkeit und Zersetzlichkeit allen Fleisches und mit ihm all seiner tieferen Empfindungen oder höheren Ideale.
Was das Gedicht dabei als Liebesgedicht verdächtig macht – und sei es als schwefligste Kontrafaktur alles dessen, was einmal romantisches Liebeswerben hieß – das ist die durchgehende Präsenz des Sexuellen oder Geschlechtlichen, das gerade dort so markant hervortritt, wo es verabschiedet wird. Wenn wir den für die gesamte Expressionismusforschung überaus fruchtbaren Begriff Kontrafaktur noch einmal aufgreifen dürfen, dann sehen wir allerdings, daß ein Jahrtausendtopos des Liebeslockens und der Minnebalz (»Komm heraus, komm heraus, du schöne Braut« – »Komm zu mir in Garten, komm zu mir ins Gras«) methodisch zur Stimmungsscheuche und zum Verschrecksignal verkehrt wird (»Komm,

hebe ruhig diese Decke auf. Sieh dieser Klumpen Fett und faule Säfte« – »Komm, sieh auf diese Narbe an der Brust«): Appellationen weniger zum geneigten Nähertreten als zum entsetzten Zurückschaudern.
Trotzdem steht die Verkehrung des Lockmittels zum Schockmittel, wie gesagt, nicht für sich allein. Zerfallene Schöße und zerfallene Brüste lenken den Blick nicht bloß allgemein auf die geringe Beständigkeit der menschlichen Bausubstanz – sie zeigen das Geschlecht als das bevorzugte Einfallstor und den Empfängnis- und Austragungsort der tödlichen Krankheit, eine ziemlich verkniffen protestantische Zwangsoptik, deren gesammeltes Interesse an Geschlechtlichkeit dieselbe nur mehr als Degenerationserscheinung wahrzunehmen vermag. Was einmal »einem Mann groß« war, das meint, was ihm heilig war, ihm etwas bedeutete, (zum Beispiel »Rausch und Heimat«), liegt hinter dem Gedicht wie eine mythenferne Erinnerung. Was möglicherweise noch so etwas wie Perspektiven oder eine Hoffnung eröffnen könnte, das Weiterleben in einem Kind, wird vollends zur schneidenden Zukunftsparodie: »Hier dieser schnitt man erst noch ein Kind aus dem verkrebsten Schoß.« Zwischen einer endgültig abgeschriebenen Vergangenheit und einem vollkommenen Verlust an Aussichten herrscht unerbittlich nur das verhängnisvolle »Hier«: der laufende Zersetzungsprozeß, die anonym und teilnahmslos verwaltete Hinfälligkeit.

Das von uns so bezeichnete »Liebesgedicht« wäre also ein poetischer Rapport vom Verlöschen der Liebe und der menschlichen Leidenschaften, auch der Nächstenliebe, der seelischen Anteilnahme; denn zwischen den gesichtslosen Verarztungskräften (teils unpersönlich-sachlich »Schwestern«, teils einfach »man« genannt) und den anonym dahindämmernden Patientinnen bestehen nur mehr diese aufs äußerste verdinglichten Beziehungen, die die einen zu Bänken, die anderen zu Wäschern und Wärtern degradieren.
Erst mit der letzten Strophe und ihrem ultimativ intonierten »Hier« kommt dann allerdings so etwas wie eine neue Qualität, eine neue Bewegung in das schwärende Einerlei. Die Formulierung »Hier schwillt der Acker schon um jedes Bett« ist insofern auch nicht bloß eine unheilvolle Verkündigung,

die auf den nahen Tod und auf ein baldiges Ausderweltsein verweist. Das machtvolle Schwellen des Ackers und die wie von ungefähr noch einmal beschleunigten Säfte und Gluten durchbrechen die seelenlos systematisierten Ordnungen, Raumordnungen (»Bett stinkt bei Bett«) so wohl wie Zeiteinteilungen (»Die Schwestern wechseln stündlich«): Vorgänge, fast barmherzige oder doch verheißungsvolle, verglichen mit der Paralysierungsöde des Reviers. Durch das scheinbar bedrohliche »Hier schwillt der Acker schon ...« tönt unüberhörbar ein eschatologisches »Es tagt, es dämmert schon«, und – ohne daß es das Gedicht mit platten Prosaworten ausspräche – wird das Bild von den stinkend verrottenden Schößen durch ein versöhnlicheres substituiert: das Sinnbild vom Schoß der Erde, das sich in zahllosen Schöpfungsmythen als Erlösungsmetapher findet.

Um nicht zu weit über den Rand des Gedichtes hinausspekulieren und ihm keine Bildnisse und Gleichnisse zu unterschieben, die es nicht selber eingeführt hat, wollen wir uns noch einmal aufmerksamst an den Wortlaut halten, er ist interessant genug. Wenn wir nämlich zu Anfang sahen, daß dem Gedicht ein exponiertes »Der Mann:« vorangestellt ist (wohinter sich ja nichts anderes als »Der Mann spricht:«) verbirgt, so tut sich uns erst jetzt, am Schluß, der Sinn der einseitigen Dialoganweisung auf. Stumm wie eine Statistin haben wir die eigens heranzitierte Partnerin die Frauenabteilung eines Totenhauses durchwandern sehen. Kein Sterbenswörtchen auch haben Patienten oder Personal zum höllischen Exerzitium beitragen dürfen, so daß man fast meinen mochte, daß sich jemand mit sich selbst bespräche. Erst mit der Endzeile, praktisch erst mit dem allerletzten Schlußwort, enthüllt sich jetzt ein scheinbarer Monolog als Zwiegespräch. Als ein unendlich gespannter und wahrhaft infernalische Abgründe überbrückender Wechselgesang mit Anrede und Rückruf, Beschwörung und Echo: der Apostrophe des Geschlechtlichen und der fordernd-einfordernd nachhallenden Antwort eines Elements.

Johannes R. Becher

Die neue Syntax

Die Adjektiv-bengalischen-Schmetterlinge
Sie kreisen tönend um des Substantivs erhabenen Quaderbau.
Ein Brückenpartizip muß schwingen! schwingen!!
Derweil das kühne Verb sich klirrend Aeroplan
  in Höhen schraubt.

Artikeltanz zückt nett die Pendelbeinchen.
In Kicherrhythmen schaukelt ein Parkett.
Da aber springt metallisch tönend eine reine
Strophe heraus aus dem Trapez. Die Kett

Der Straßenbogenlampen ineinander splittern.
Trotz jener buntesten Dame heiligem Vokativ.
Ein junger Dichter sich Subjekte kittet.
Bohrt des Objekts Tunnel . . . Imperativ

Schnellt steil empor. Phantastische Sätzelandschaft überzüngelnd.
Bläst sieben Hydratuben. Das Gewölbe fällt.
Und Blaues fließt. Geharnischte Berge dringen.
So blühen auf wir in dem Glanz mailichter Überwelt.

Beengung

Die Welt wird zu enge. Die Städte langweilig.
So schmal alle Länder. Die Meere zu klein.
Die Körper, in giftigen Räuschen entheiligt,
Sie welken und stürzen zu Schutthaufen ein.

Da ahnen wir Himmel wohl gischtenden Blutes.
Ekstasen trommeln wach Hölle und Grab.
Wir stöhnen verkommend in kalkfeuchter Bude,
Daß uns der Zusammenbruch rette und lab!

Was sollen wir noch? Die Welt wird zu enge.
Der Polizei gelingen unglaubliche Fänge . . .
Und humpeln verzweifelt wir über den Strich:
Die Mädchen ausgepreßt, fade und trocken.
In Cafés und Cinémas Spießbürger hocken . . .
Und Goethe glänzt, aufrecht und widerlich.

Verflucht sei der Straßen einförmige Strenge,
Die strecken sich grinsend in endlose Länge.
Oh, daß doch ein Brand unsere Haupte bewölb!
Es rascheln gewitternd Horizonte fahlgelb.

Daß auf der Galeere wir duldsam bald schwitzen,
Daß wälzten wir uns auf der Ruderer Bank!
So aber wir faulen an hohen Pultsitzen
Und bröckeln zu Mehlstaub in Wartsälen bang.

Wir horchen auf wilder Trompetdonner Stöße
Und wünschten herbei einen großen Weltkrieg.
In unseren Ohren der Waffen Lärm töset,
Kanonen und Stürme in buntem Gewieg.

Erreget Skandale! Die Welt wird zu enge.
Es johlt vor Palästen die ärmliche Menge.
Es trümmern die Tore. Es klirren die Fenster.
Die Mauern, sie wanken, die schüssedurchsiebten.
Vergessen wir unsere schmerzlich Geliebten!
Wir bleiben am besten zurück als Gespenster.

Wie funkelt das Dunkel! Der Abend voll Gräuel.
Die Wagen und Nachtmenschen waten in Schmutz.
Kinder, aber Kinder in flammender Bläue
Flehen zur ewigen Mutter um Schutz.

Nicht ehren wir Gott mehr. Er hat uns geraubt
Die Kräfte. Verwarf uns zu Fetzen und Scherben.
Er hat uns mit Wolken des Zornes belaubt.
Erpresser mit Krankenhaus, Hunger und Sterben.

Die Nerven gepeitschet! Die Welt wird zu enge.
Laßt schlagen uns durchs Gestrüpp und Gedrängel!
Es wackeln Soldaten mit schiefen Hüten.
Die Welt wird zu enge. Wir zittern und frieren
In Domen und modrigen Schauerrevieren . . .
Und poltern und würgen und drohen und wüten . . .

Berlin

Der Süden wird verbluten in der Sonne Stunden.
Der Taten Gott erzürnt aus Lavagrüften schlug.
Es kreiset um das Land der Berge Flammenrunde.
Da brachen auf wir schwarz, ein dünner Totenzug.

Der Süden ist bestimmt zu ewiger Trauer Schlafe.
Wir haben unserer Träume Barken ausgebrannt.
Wir winken mit den Fackeln nach dem stillen Hafen,
Die streichet aus der Finsternisse Mutterhand.

Des Südens Atem klebt an unseren krummen Rücken
Mit Winden lau und dumpfer Glocken Grabgedröhn.
Betrübet euch! Des Abends rote Nebelmücken
Bestürmen euch mit Sang. Laßt uns vorübergehn!

Maultiere brechen hart von schartigem Messergrate.
Lawinen übertünchen uns mit Liebe weißem Fächer.
Wildbäche überblitzen hoch der Brücken Drahte.
Geysire platzen aus der brüchigen Felsen Köcher.

Wir sanken morgens in der Spalten grüne Kammern.
Wir tauchten mittags ein in Gletschermühle Becken.
Es sauste nieder des Erdrutsches Keulenhammer.
Des Winters Sturm riß uns aus wohligem Verstecke.

In Höhlenlöchern warteten die zarten Wunder.
Mit Gerten schlugen wir uns Labung aus dem Stein.
Wir stürzten ab mit nasser Büschel Fleckenschrunde.
Wir starben in den Kelchen der Enziane klein.

Wir tauten auf beim Hirtengruß und dem Geblöke
Der Herden. Aus der Blumen Grunde warmem Lauch
Sog uns zu Funkengärten schräger Purpurkegel.
Es trug uns Raub der neuen Heimat Wirbelhauch.

Aus Dächerfirnen strahlt der Meere Glanzgebreite,
Urwälder sind in Schlot und Balken hochgewachsen.
Der Rauche rußiger Hain beschattet die Gemäuer.
Der Krater Trichter schrumpften, schiefe Aschenzacken.

Der Wiesen Fluren tanzen um als Wimmelplätze.
In langer Straßen Schluchten weinen Abendröten.

Ein Quellenstrudelschwarm zum Himmel hetzet
Bei Kellertunnel-Not und Krach der Speicherböden . . .

Berlin! Du weißer Großstadt Spinnenungeheuer!
Orchester der Äonen! Feld der eisernen Schlacht!
Dein schillernder Schlangenleib ward rasselnd aufgescheuert,
Von der Geschwüre Schutt und Moder überdacht!

Berlin! Du bäumst empor dich mit der Kuppeln Faust,
Um die der Wetter Schwärme schmutzige Klumpen ballen!
Europas mattes Herze träuft in deinen Krallen!
Berlin! In dessen Brust die Brut der Fieber haust!

Berlin! Wie Donner rattert furchtbar dein Geröchel!
Die heiße Luft sich auf die schlaffen Lungen drückt.
Der Menschen Schlamm umwoget deine wurmichten Knöchel.
Mit blauer Narben Kranze ist dein Haupt geschmückt!

Wir wohnen mit dem Monde in verlassener Klause,
Der wandelt nieder auf der Firste schmalem Joche.
Der Tage graue Gischt zu sternernen Küsten brauset.
Auf Winkeltreppe ward ein Mädchen wüst zerstochen.

Wir lungern um die Staatsgebäude voll Gepränge.
Wir halten Bomben für der Wagen Fahrt bereit.
Die blonde Muse längs sich dem Kanale schlängelt,
Quecksilberlicht aus Läden lila sie beschneit.

Auf Pflaster Nebeldämpfe feuchte Wickel pressen.
Auf trägem Damme erste Stadtbahnzüge schnaufen.
Die alten Huren mit den ausgefransten Fressen,
Sie schleichen in den bleichen Morgen, den zerrauften . . .

O Stadt der Schmerzen in Verzweiflung düsterer Zeit!
Wann grünen auf die toten Bäume mit Geklinge?
Wann steigt ihr Hügel an in weißer Schleier Kleid?
Eisflächen, wann entfaltet ihr der Silber Schwinge?

Auf prasselnder Scheiter Haufen brennet der Prophet.
Der Kirchen Türme ragen hager auf wie Galgen.
Die Haare Flachs. Sein Leib auf Messingfüßen steht,
Im Ofen heiß wie glühender Erzkoloß zerwalket.

Und seine Stimme schwillt wie Wasserrauschen groß,
Da löschet aus des Brandes Qual auf heiliges Zeichen.
Ein fahles Schiff, das löset sich vom Ufer los,
Sich das Gerüste hebt und in die Nacht entweichet. –

Einst kommen wird der Tag! . . . Es rufet ihn der Dichter,
Daß er aus Ursprungs Schächten schneller her euch reise!
Des Feuers Geist ward der Geschlechter Totenrichter.
Es zerren ihn herauf der Bettler Orgeln heiser.

Einst kommen wird der Tag! . . . Die himmlischen Legionen,
Sie wimmeln aus der Wolken Ritze mit Geschmetter.
Es schlagen zu mit Knall der Häuser Särgebretter.
Zerschmeißen euch. Es hallelujen Explosionen.

Einst kommen wird der Tag! . . . Da mit des Zorns Geschrei
Der Gott wie einst empört die milbige Kruste sprenget.
Im Scherbenhorizonte treibt ein fetter Hai,
Dem blutiger Leichen Fraß aus zackichtem Maule hänget.

An den Vater

Schlangenader längs der Stirne rollt.
Gabel stößt er pfeifend in Salat.
Weißer Suppe krummes Maul träuft voll.
Makkaroni würgt aus Nase grad.

In den Weinberg kroch er, dichtes Laub,
Den Kniefällen seiner Kinder taub:
Dorther wächst und wächst ein Donnerschnarchen.
Die ihn sucht, sich bückt –: sie schreckt die Blöße.
Auf den Lippen gischtet Spülichtschlamm.
Zepter in der Faust des Patriarchen.

Füße Schweiß mit ihren Haaren klamm
Wäscht sie. Arme Braut des Bösen.

Später, da er vor den weiten Plätzen
Ängstigend sich preßt in ihren Arm –
Seufzer schickt sie den Erbarmungsblicken,
So ihr zu oft glänzende Herren nicken . . .

(Mancher stößt sich in sie rauschend warm.)
Die ihm dient als Boot zum Übersetzen.
Ausgeleiert. Nur ein Ausstück. Fetzen.

Finger birgt sie, die erfroren rot
Von Stricknadeln (Messerwald) durchlöchert.
Aus geschwollener Augen Köcher
Spritzeln Tränen auf zerdrehtes Brot.

Niederstürzt sie, die er täppisch rupft,
An die sich heraufwälzt stumpfer Bauch.
Zitternd in ihr kleines Bett sie schlupft:
Ausgesogen, starr. Ein windiger Schlauch.

Bei dem Löffel in die Teller Klirren –:
Hund am Tisch du! Klaffender Tyrann
Wo dein Sohn, Indianer, dir auflauert –
Zwischen Zähnen Beil er fiebernd kauert
Vor dem Schlafgemach – bis schwirrend
Saust das Beil! Das Beil –: es fällt dich an!

Der Dichter meidet strahlende Akkorde . . .

Der Dichter meidet strahlende Akkorde.
Er stößt durch Tuben, peitscht die Trommel schrill.
Er reißt das Volk auf mit gehackten Sätzen.

Ich lerne. Ich bereite vor. Ich übe mich.
Wie arbeite ich – hah leidenschaftlich! –
Gegen mein noch unplastisches Gesicht –:
Falten spanne ich.
Die Neue Welt
(– eine solche: die alte, die mystische,
die Welt der Qual austilgend –)
Zeichne ich, möglichst korrekt, darin ein
Eine besonnte, eine äußerst gegliederte,
eine *geschliffene* Landschaft schwebt mir vor,
Eine Insel glückseliger Menschheit.
Dazu bedarf es viel. (Das weiß er auch längst sehr wohl.)

O Trinität des Werks: Erlebnis, Formulierung, Tat.

Ich lerne. Bereite vor. Ich übe mich.

. . . bald werden sich die Sturzwellen meiner Sätze
  zu einer unerhörten Figur verfügen.
Reden. Manifeste. Parlament. Der Experimentalroman.
Gesänge von Tribünen herab vorzutragen.

Der neue, der heilige Staat
Sei gepredigt, dem Blut der Völker,
  Blut von ihrem Blut, eingeimpft.
Restlos sei er gestaltet.
Paradies setzt ein.
– Laßt uns die Schlagwetter-Atmosphäre verbreiten! –
Lernt! Vorbereitet! Übt euch!

Paul Zech

Gegen Morgen

Die niederen Häuser längs des Kanals
Schwimmen wie schwarze Särge daher.
Schlanker Turm äugt über das Brückenwehr
Und reckt sich wie ein Giraffenhals.

Vom Dach kriecht gelblicher Nebel zu Tal
Und wogt und wühlt wie ein Meer.
Schroff und novemberleer
Wandert der Bäume endlose Zahl.

Durch die Straßen, fröstelnd und abgedacht,
Schrillt schon eines Dampfhorns Gebell
Und der Wind erwacht

Und schwätzt sich von Haus zu Haus . . .
Die Fenster sind alle hell
Und horchen hinaus.

Fabrikstraße tags

Nichts als Mauern. Ohne Gras und Glas
zieht die Straße den gescheckten Gurt
der Fassaden. Keine Bahnspur surrt.
Immer glänzt das Pflaster wassernaß.

Streift ein Mensch dich, trifft sein Blick dich kalt
bis ins Mark; die harten Schritte haun
Feuer aus dem turmhoch steilen Zaun,
noch sein kurzes Atmen wolkt geballt.

Keine Zuchthauszelle klemmt
in ein Eis das Denken wie dies Gehn
zwischen Mauern, die nur sich besehn.

Trägst du Purpur oder Büßerhemd –:
immer drückt mit riesigem Gewicht
Gottes Bannfluch: *uhrenlose Schicht.*

Einfahrt

Das eichne Tor, mit Stacheln schroff bezackt,
fährt widerwillig aus den Eisenkappen.
Schwer über schwarze Pflastersteine klappen
viel Nägelschuhe mörderischen Takt.

Wie eine aufgescheuchte Herde drängt
der Trupp sich in das Fröstellicht der Lampen
und stolpert schläfrig über rundgewölbte Rampen,
bis ihn der Dunst der Halle schwül empfängt.

Der Steiger prüft die aufmarschierte Fracht
und liest mechanisch und kommandolaut
die aufnotierten Namen aus der Liste.

Dann knirscht der Dampfstrom über die Gerüste,
und, zehn zu zehn in Käfige verstaut,
schnellt sie das Seil hinunter in den Schacht.

Im Dämmer

Im schwarzen Spiegel der Kanäle zuckt
die bunte Lichterkette der Fabriken.
Die niedren Straßen sind bis zum Ersticken
mit Rauch geschwängert, den ein Windstoß niederduckt.

Ein Menschentrupp, vom Frondienst abgehärmt,
schwankt schweigsam durch die ärmlichen Kabinen,
indessen sich in den verqualmten Kantinen
die tolle Jugend fuselselig lärmt.

Noch einmal wirft der Drahtseilzug mit Kreischen
den Schlackenschutt hinunter in die flachen
Gelände, drin der Schwefelsumpf erlischt.

Fern aber ragen schon vom Dampf umzischt
des Walzwerks zwiegespaltne Feuerrachen
und harren des Winks, den Himmel zu zerfleischen.

Fräser

Gebietend blecken weiße Hartstahl-Zähne
aus dem Gewirr der Räder. Mühlen gehn profund,
sie schütten auf den Ziegelgrund
die Wolkenbrüche krauser Kupferspäne.

Die Gletscherkühle riesenhafter Birnen
beglänzt Fleischnackte, die von Öl umtropft
die Kämme rühren; während automatenhaft gestopft
die Scheren das Gestänge dünn zerzwirnen.

Ein Fäusteballen hin und wieder und ein Fluch,
Werkmeisterpfiffe, widerlicher Brandgeruch
an Muskeln jäh empor geleckt: zu töten!

Und es geschieht, daß sich die bärtigen Gesichter röten,
daß Augen wie geschliffene Gläser stehn
und scharf, gespannt nach innen sehn.

Alfred Wolfenstein

Städter

Nah wie Löcher eines Siebes stehn
Fenster beieinander, drängend fassen
Häuser sich so dicht an, daß die Straßen
Grau geschwollen wie Gewürgte sehn.

Ineinander dicht hineingehakt
Sitzen in den Trams die zwei Fassaden
Leute, wo die Blicke eng ausladen
Und Begierde ineinander ragt.

Unsre Wände sind so dünn wie Haut,
Daß ein jeder teilnimmt, wenn ich weine,
Flüstern dringt hinüber wie Gegröhle:

Und wie stumm in abgeschloßner Höhle
Unberührt und ungeschaut
Steht doch jeder fern und fühlt: alleine.

Im Bestienhaus

Ich gleite, rings umgittert von den dunklen Tieren,
Durchs brüllende Haus am Stoß der Stäbe hin und her,
Und blicke weit in ihren Blick wie weit hinaus auf Meer
In ihre Freiheit . . . die die schönen nie verlieren.

Der harte Takt der engen Stadt und Menschheit zählt
An meinen Zeh'n, doch lose schreiten Einsamkeiten
Im Tigerknie, und seine baumgestreiften Seiten
Sind keiner Straße, nur der Erde selbst vermählt.

Ach ihre reinen heißen Seelen fühlt mein Wille
Und ich zerschmelze sehnsuchtsvoller als ein Weib.
Des Jaguars Blitze gelb aus seinem Sturmnachtleib
Umglühn mein Schneegesicht und winzige Pupille.

Der Adler sitzt wie Statuen still und scheinbar schwer
Und aufwärts aufwärts in Bewegung ungeheuer!
Sein Auftrieb greift in mich und spannt mich in sein Steuer –
Ich bleibe still, ich bin von Stein, es fliegt nur er.

Es steigen hoch der Elefanten graue Eise,
Gebirge, nur von Riesengeistern noch bewohnt:
Von Wucht und Glut des wilden Alls bin ich umthront
Und ich steh eingesperrt in ihrem freien Kreise.

Kameraden!

Da eilte ich befreit zur Tür hinaus,
Schnell flammend half das warme Treppenhaus,
Und lieber wollt ich zu den Straßensteinen
Als in der horchend engen Wohnung weinen!

Das ist die Flucht vor den zu eng Verwandten,
Die mich berührten, ehe sie mich kannten,
Noch immer wie in ihrem hohlen Schoß
Läßt mich Geborenen Elterndruck nicht los.

Doch lieber Haß und Wüste dieser Stadt
Als eure Liebe, die mich grundlos hat,
Wir wählten niemals uns! Daß ihr mich säugtet,
Wird es Gefühl denn, daß ihr mich erzeugtet?

Nein, von der Lampe falschem Seelenfrieden,
Von eurer dichten Sicherheit geschieden!
Und lieber in die unbekannte Nacht
Und ohne Bett die Wahrheit durchgewacht!

Da kommen, wie die Häuser steil und kalt,
Die Wagen, nur berührt von kurzem Halt,
Gefühllos auch und rasch die dunklen Leute,
Und suchen sich als fremd genoßne Beute.

Ich wandere mit ihnen wie alleine –
In grelle Cafés wie in stumme Haine,
Gleich blätterlosen Stämmen Tisch an Tisch
Thront jeder Kopf, getrennt und wählerisch.

Und seh die Paare ohne Harmonien
In eisig klarem Bund nach Hause ziehn,
Und schleiche lieber fort zu kleinen Sternen,
Längs schwarzer Fenster, lebloser Laternen.

Und endlich heb ich meine wahren Hände –
Mein Herz trompetengleich dehnt alle Wände –
O nieder mit geilkalter Einsamkeit
Und lau beseelter Sumpfgemeinsamkeit!

Verwandtes Blut aus Elternliebesnacht,
Ohn unser Wollen ihnen nahgebracht,
Geschiednes Blut, gepaart in Straßenliebe –
Daß beides nun ein neuer Ruf vertriebe!

Ein Ruf nach Freundschaft! daß in finstern Zimmern
Die Mauern stürzen und die Nackten schimmern
Entblößt von Decken dumpf und unsichtbar
Und von gespenstischen Gefühlen klar.

Daß *Unerfüllte* ihrer armen Zeit
Aus Gräbern wehn in unsre Geistigkeit,
Und Neue mit gefühlteren Gebärden
Voll blühnder Herzen nun geboren werden.

Ein Ruf nach Sonne! statt sich rauh zu brauchen,
Einander stolzre Seelen einzuhauchen –
Ein Ruf nach Freiheit! nicht vermengt zu sein
Sondern vereinigt wie in Heeresreihn –!

Der Platz voll stiller starker Fliederluft
Erglüht, wie Echo, das sich weiterruft,
Aus allen Straßen dämmern rote Strahlen
Hierher, sich stark in neue Welt zu malen.

Das sind die Willen, ganz aus Licht getrieben,
Die sich als Willensangesichter lieben,
Das ist des Lichtes Aufgangsmelodie,
Die süße nahe weite Kameraderie!

Max Herrmann-Neisse

Sonntagnacht auf meiner Gasse

Der Große Bär steht über unserm Hof.
Im Nachbarhaus rumort Soldatenschwof.

Die Schenkentüren fallen lärmend zu.
Ein Pferd will heim und findet keine Ruh.

Eintönig winselt eine Katze. Stolz
Poltert ein Krüppel mit dem Bein aus Holz.

Ein Mann und eine Frau sind handgemein.
Zwei Fleischer schlagen sich die Schädel ein.

Aus Fernen hallt der Wächter schriller Pfiff –
Die Nacht schwimmt reglos wie ein Totenschiff.

Der kleine Mann

Ich bin der kleine Mann, der heimwärts hinkt,
von dem die Wächter an den Ecken reden,
daß er sich jeden . . . aber wirklich jeden! . . .
Samstag bis zum Krakeelen arg betrinkt.

Sechs Tage fron' ich im vergrabnen Grau
der Werkstatt, wo ich fromme Bücher binde,
daß ich mich nur in heißer Nacht entwinde
und in die Schatten der Alleen trau.

Doch Samstag gürte ich mir den Küraß
gestärkten Hemdes um die schiechen Glieder
und steige festlich zu den Menschen nieder
mit aller sechs versklavten Tage Haß.

Und aus der Flasche fließt mir Seligkeit
und Rache, Auferstehung, Stolz und Laster,
bis mich Entzauberten das alte Pflaster
der alten Stadt in alte Knechtschaft speit.

Früher Lenz

Veilchensucher singen. Bettler glänzen.
Aus den trunknen Taschen tanzt das Geld.
Jeder Friedhof wird ein Lilienfeld.
Melodien gedeihn auf Leichenkränzen.

Ein Theater stirbt, verloren, mutlos.
Vögel zwitschern. Kinder fliegen weiß.
Hosenknöpfe starren sommerheiß
Busen lächeln. Bürger schaukeln hutlos.

Kirchen wiegen sich im Chorgesange.
Berge bummeln. Promenaden schrein.
Frommen Seelen fällt Verbotnes ein.
Mütter strampeln. Väter fehlen lange.

Dunkle Schlummerstuben sind verschlossen.
Betten jauchzen. Ruten werden zart.
Weiße Höschen halten Himmelfahrt.
Mund und Schoß und Augen quelln zerflossen.

Ein Verliebter schwebt im Duft und dichtet.
Alle Welt ist einem Hunde gut.
Wundersam erblüht der Frauen Blut.
Und ein irrer Mensch wird hingerichtet.

Die Geschehnisse des Sonntagnachmittags: Laß deine Zunge mir im Munde flattern

(14. April 1912)

Am Sonntagnachmittag in Sehnsuchtsraserei Gerenne
nach dem geliebten Weib durch die verregnete Stadt,
vorbei an einer weiland peinlichen Penne,
von der man immer noch die schweren Träume hat.

Vorbei an bösen Bürgern, welche blinzen,
an Schenkenschildern mit den bunten Tieren
und den diversen Königen und Prinzen,
vorbei an grellen Becken von Barbieren.

Vorbei an Kirchen in verstohlnen Ecken,
wo eine schadenfrohe Mauer schließt,
wo die diskreten Pärchen sich verstecken,
und graue Lauge durch den Rinnstein fließt.

Vorbei an Autos, die durch Pfützen rattern,
– Mit dem verfluchten Stechen in der Lunge –
Laß Deine Zunge mir im Munde flattern,
mich dürstet so nach Deiner weichen Zunge!

Die Stifte setzen stolzer übers Pflaster
und scharren mit den Schirmen ungewiß,
ein Eisenbahner qualmt gemeinen Knaster,
und ein Studente präsentiert den Schmiß.

Zwei kümmerliche Eheleute zanken,
viel Stellungslose gehen auf den Strich. –
Und Deine schmalen Beine schreiten mir durch die Gedanken
in den durchbrochnen Strümpfen königlich!

Umnebelt wiegt sich im gewohnten Kreise
auf dem beliebten Markt der Holpertrott,
aus hellen Läden schwindeln zahme Preise,
und eine Stimme gurgelt frech: »Mit Gott!«

Ganz grüne Ladenschwengel prustend zoten
zu welken Mädchen, die sehr dämlich tun –
Plötzlich leuchtest Du in Deinem roten
Jackett, Leni, und den Wildlederschuhn.

Und schreitest königlich durch das Gekicher
und das Geschnaufe, das im Dunst verschwimmt –
Bankmenschen gehn umflort und nicht ganz sicher,
auf Refrendare schielend und verstimmt.

Du sprichst – und meine Blicke sind wie Hunde
folgsam und wedelnd und verliebt um Dich.
Laß Deine Zunge flattern mir im Munde,
nach Deiner weichen Zunge dürstet mich!

Vermummte Menschen eilen ins Theater –
Schon blüht in fremdem Raum Dein weicher Mund.
Ich schiebe mich vergrämt zu meinem Vater
und meiner Mutter und dem kleinen Hund.

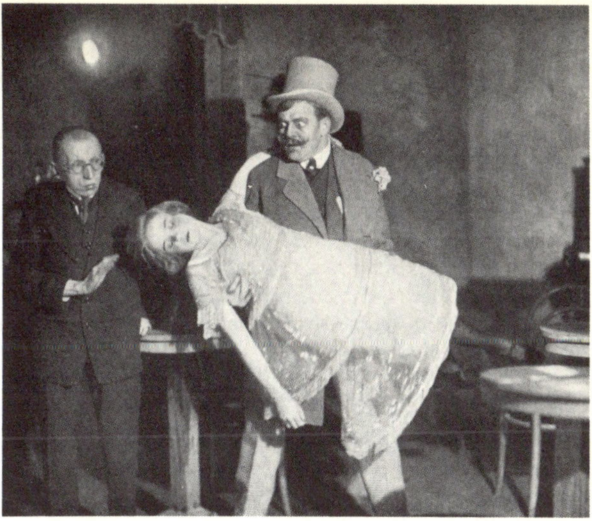

Der Zauberkünstler

Er ist sehr traurig. Alle Dinge laufen
nach seinem Wink und Willen – und dies ist
doch nur ein sinnlos Spiel und eitel List
und heißt, sein Kind- und Dichter-Sein verkaufen!

Es kann ihn nie ein Seltsam überraschen,
denn alles hält er stets in seiner Hand:
er reiht die Sterne auf ein buntes Band
und holt sich Sonn und Mond aus seinen Taschen.

Und bleibt sehr traurig: denn vor ihm steht ja
das Sein enthüllt und reizlos ungeschminkt,
und ist für ihn nie mehr ein Wunder da.

Er weiß, wie alles lügenhaft sich baut
und nichts bleibt, wenn zuletzt der Vorhang sinkt,
als ein Gehirn, dem vor sich selber graut.

Ein Abend ist vertan –
ein Tag zerschlagen . . .

Ich muß mich wieder in dies Glashaus bannen,
an das kein Echo und kein Lockruf pocht,
wo Träume, trostlos wie erfrorne Tannen,
sich ducken um ein bald verdämmernd Docht.

Ein Abend ist vertan . . . ein Tag zerschlagen . . .
vernichtet Liebe viel und wie erstickt
in Gittern, wo der Nachtigallen Schlagen
verstummt und unstet die Gazelle blickt.

Und draußen ist vielleicht der Witwer Wald,
der neben meinem Lied am Morgen lief,
den weiten Weg zu seinem Grab gegangen.

Und draußen kniet vielleicht in Knechtsgestalt
der Strahlende, den meine Sehnsucht rief,
sich hin, den Todesstreich jetzt zu empfangen.

Oskar Loerke

Die Einzelpappel

Karfreitag Abend. Gelbes Dunkel. Stiemen.
Der Wind stürzt hin, springt auf in wüstem Irren.
Die Grenzen, Wege ziehn wie Peitschenstriemen.
Darüber stehn wie eiternde Geschwüre
Die Wolken.

Drin klafft, wie wenn er ewig bluten werde,
Ein wunder Spalt von roter Fieberfarbe,
Und einen schwarzen Finger reckt die Erde,
Der zitternd wühlt und umrührt in der Narbe.
Hilf mir, ich lasse dich nicht!

Fern heult es weh wie hohles Hundejammern.
Ein lila Dunkel wirbelt aus den Schollen.
Der Laut haust in der Erde Herzenskammern,
Darin die Wurzeln frieren und die Knollen.
Hilf mir! Hilf mir!

Schon Nacht. Nichts mehr als Sturm. Narr ich! Ich darbe
Nach Licht, nur ich! Ich bin der Schrei: Licht, werde!
Ich bin der Finger in der Feuernarbe
Und gebe meine Qual der ganzen Erde:
Hilf mir!

Tote Tage

Tage, wo der lange Regenbesen
Geisterhaft im Garten scheuert, zischt,
Und die Welt, was sie gehabt, gewesen,
Nebelnd zur Vergangenheit verwischt.

Tage, wo man dumpf von Schrank zu Schranke
Wandert und in leere Fächer sieht,
Aufhorcht, wie der Laut im Schlosse kranke,
Und um seinethalb den Schlüssel zieht,

Und den Schlüssel dreht und drückt am Barte,
Wärmt, vergißt in schlaff geschlossner Faust,
Wann ein Feuer durch des Ofens Scharte
Unverständlich wie das goldne Leben saust.

Paternosterwerk

Wir sehn von deiner Lionardostube
Das krumme Fließ, manch schiefen Kiefernzwerg
In giftigem Fernblau – und in naher Grube
Ein lastbar schleichend Paternosterwerk.

Die Eimer gießen Schaum und Schlamm und Steine
Und schaffen Freiheit für ein Sommerhaus.
Es summt und schwankt um Rad und Rad die Leine.
Weltüber strahlt der Abend meergleich aus.

Und mit der Stunden magischem Verblonden
Strahlt Ewigkeit in deine Stube ein:
Wir bleiben Paternostervagabonden,
Mag mancher Eimer Chaos in uns sein!

Pansmusik

Ein Floß schwimmt aus dem fernen Himmelsrande,
Drauf tönt es dünn und blaß
Wie eine alte süße Sarabande.
Das Auge wird mir naß.

Es ist, wie wenn den weiten Horizonten
Die Seele übergeht,
Der Himmel auf den Ebnen, den besonnten,
Aufhorcht wie ein Prophet

Und eine arme Weise in die Ohren
Der höhern Himmel spricht:
Das Spielen wankt, im Spielen unverloren,
Das Licht wankt durch das Licht.

Heut fährt der Gott der Welt auf einem Floße,
Er sitzt auf Schilf und Rohr,
Und spielt die sanfte, abendliche, große,
Und spielt die Welt sich vor.

Er spielt das große Licht der Welt zur Neige,
Tief aus sich her den Strom

Durch Ebnen mit der Schwermut langer Steige
Und Ewigkeitsarom.

Er baut die Ebenen und ihre Städte
Mit weichen Mundes Ton
Und alles Werden bis in dieses späte
Verspieltsein und Verlohn:

Doch alles wie zu stillendem Genusse
Den Augen bloß, dem Ohr.
So fährt er selig auf dem großen Flusse
Und spielt die Welt sich vor.

So fährt sein Licht und ist bald bei den größern,
Orion, Schwan und Bär:
Sie alle scheinen Flöße schon mit Flößern
Der Welt ins leere Meer.

Bald wird die Grundharmonika verhallen,
Die Seele schläft mir ein,
Bald wird der Wind aus seiner Höhe fallen,
Die Tiefe nicht mehr sein.

Totenvögel

Von einem Berliner Friedhof

Ihn schließen Feuerwände ein,
Ganz leer und ohne Scharten:
Ein Nebel wankt den Stein zu Stein
Im schlimmen Totengarten.

Im Nebel sitzen dünn und matt
Die Toten in den Eschen
Und stieren nach der lieben Stadt
Durch Mauern ohne Breschen.

Ein Schlot schreibt wie ein Riesenstift
Im Nebel schwarze Reihen.
Die Toten plappern nach die Schrift,
So klug wie Papageien.

Irr schallt das wie des Windes Ritt,
Weil Kringel nichts bedeuten.
Ein Pianino klappert mit
Und fernes Trambahnläuten.

Der Nebel raucht bei Frau und Mann
Aus Ohren und aus Gaumen.
Sie fangen zu vergehen an
Und drehen mit den Daumen.

Sie schmelzen rauchend in den Rauch
Und fallen aus den Kronen.
In blaue Streifen löst sich auch
Die dickste der Matronen.

Sie sieht ihr Bild im Glasherzschrein –
– Photographierte Glorie! –
Und auf dem Grab Vergißnichtmein
Und um das Grab Zichorie.

Und ist nicht mehr. Und jeder schwand,
Der tot im Totengarten.
Rings Feuerwand an Feuerwand,
Ganz leer und ohne Scharten.

Ernst Wilhelm Lotz

Aufbruch der Jugend

Die flammenden Gärten des Sommers, Winde, tief und voll Samen,
Wolken, dunkel gebogen, und Häuser, zerschnitten vom Licht.
Müdigkeiten, die aus verwüsteten Nächten über uns kamen,
Köstlich gepflegte, verwelkten wie Blumen, die man sich bricht.

Also zu neuen Tagen erstarkt wir spannen die Arme,
Unbegreiflichen Lachens erschüttert, wie Kraft, die sich staut,
Wie Truppenkolonnen, unruhig nach Ruf der Alarme,
Wenn hoch und erwartet der Tag überm Osten blaut.

Grell wehen die Fahnen, wir haben uns heftig entschlossen,
Ein Stoß ging durch uns, Not schrie, wir rollen geschwellt,
Wie Sturmflut haben wir uns in die Straßen der Städte ergossen
Und spülen vorüber die Trümmer zerborstener Welt.

Wir fegen die Macht und stürzen die Throne der Alten,
Vermoderte Kronen bieten wir lachend zu Kauf,
Wir haben die Türen zu wimmernden Kasematten zerspalten
Und stoßen die Tore verruchter Gefängnisse auf.

Nun kommen die Scharen Verbannter, sie strammen die Rücken,
Wir pflanzen Waffen in ihre Hand, die sich fürchterlich krampft,
Von roten Tribünen lodert erzürntes Entzücken,
Und türmt Barrikaden, von glühenden Rufen umdampft.

Beglänzt von Morgen, wir sind die verheißnen Erhellten,
Von jungen Messiaskronen das Haupthaar umzackt,
Aus unsern Stirnen springen leuchtende, neue Welten,
Erfüllung und Künftiges, Tage, Sturmüberflaggt!

Hart stoßen sich die Wände in den Straßen . . .

Hart stoßen sich die Wände in den Straßen,
Vom Licht gezerrt, das auf das Pflaster keucht,
Und Kaffeehäuser schweben im Geleucht
Der Scheiben, hoch gefüllt mit wiehernden Grimassen.

Wir sind nach Süden krank, nach Fernen, Wind,
Nach Wäldern, fremd von ungekühlten Lüsten,
Und Wüstengürteln, die voll Sommer sind,
Nach weißen Meeren, brodelnd an besonnte Küsten.

Wir sind nach Frauen krank, nach Fleisch und Poren,
Es müßten Pantherinnen sein, gefährlich zart,
In einem wild gekochten Fieberland geboren.
Wir sind versehnt nach Reizen unbekannter Art.

Wir sind nach Dingen krank, die wir nicht kennen.
Wir sind sehr jung. Und fiebern noch nach Welt.
Wir leuchten leise. – Doch wir könnten brennen.
Wir suchen immer Wind, der uns zu Flammen schwellt.

Die Nächte explodieren in den Städten . . .

Die Nächte explodieren in den Städten,
Wir sind zerfetzt vom wilden, heißen Licht,
Und unsre Nerven flattern, irre Fäden,
Im Pflasterwind, der aus den Rädern bricht.

In Kaffeehäusern brannten jähe Stimmen
Auf unsre Stirn und heizten jung das Blut,
Wir flammten schon. Und suchen leise zu verglimmen,
Weil wir noch furchtsam sind vor eigner Glut.

Wir schweben müßig durch die Tageszeiten,
An hellen Ecken sprechen wir die Mädchen an.
Wir fühlen noch zu viel die greisen Köstlichkeiten
Der Liebe, die man leicht bezahlen kann.

Wir haben uns dem Tage übergeben
Und treiben arglos spielend vor dem Wind,
Wir sind sehr sicher, dorthin zu entschweben,
Wo man uns braucht, wenn wir geworden sind.

Elbstrand

Der Strand glänzt prall besonnt und badehell.
Es wimmelt um die Zelte wie von Maden.
Die aufgesteckte Wäsche blendet grell,
Und Mondschein kommt von Leibern, welche baden.

Vom Meere weht ein Wind mit Salz und Teer
Und kitzelt derb die Stadt-verweichten Lungen.
Da springt ein Lachen auf dem Strand umher,
Und unvermutet redet man mit Zungen.

Ein großer Dampfer kommt vom Ozean.
Stark ruft sein Baß. Die Luft wird plötzlich trüber.
Man drängt ans Wasser kindlich nah heran.
Ein Atem braust. Die Woermann schwimmt vorüber.

Die Zeltstadt glänzt bevölkert wieder bald.
Wir wandern langsam durch die hellen Reihen.
Und hören hier: Es kam ein Palmenwald,
Ein ganzes Land mit Düften, Negern, Affen, Papageien.

Glanzgesang

Von blauem Tuch umspannt und rotem Kragen,
Ich war ein Fähnrich und ein junger Offizier.
Doch jene Tage, die verträumt manchmal in meine Nächte ragen,
Gehören nicht mehr mir.

Im großen Trott bin ich auf harten Straßen mitgeschritten,
Vom Staub der Märsche und vom grünen Wind besonnt.
Ich bin durch staunende Dörfer, durch Ströme
   und alte Städte geritten,
Und das Leben war wehend blond.

Die Biwakfeuer flammten wie Sterne im Tale,
Und hatten den Himmel zu ihrem Spiegel gemacht,
Von schwarzen Bergen drohten des Feindes Alarm-Fanale,
Und Feuerballen zersprangen prasselnd in Nacht.

So kam ich, braun vom Sommer und hart von Winterkriegen,
In große Kontore, die staubig rochen herein,
Da mußte ich meinen Rücken zur Sichel biegen
Und Zahlen mit spitzen Fingern in Bücher reihn.

Und irgendwo hingen die grünen Küsten der Fernen,
Ein Duft von Palmen kam schwankend vom Hafen geweht,
Weiß rasteten Karawanen an Wüsten-Zisternen,
Die Häupter gläubig nach Osten gedreht.

Auf Ozeanen zogen die großen Fronten
Der Schiffe, von fliegenden Fischen kühl überschwirrt,
Und breiter Prärien glitzernde Horizonte
Umkreisten Gespanne, für lange Fahrten geschirrt.

Von Kameruns unergründlichen Wäldern umsungen,
Vom mörderischen Brodem des Bodens umloht,
Gehorchten zitternde Wilde, von Geißeln der
Weißen umschwungen,
Und schwarz von Kannibalen der glühenden Wälder umdroht!

Amerikas große Städte brausten im Grauen,
Die Riesenkräne griffen mit heiserm Geschrei
In die Bäuche der Schiffe, die Frachten zu stauen,
Und Eisenbahnen donnerten landwärts vom Kai. – – –

So hab ich nachbarlich alle Zonen gesehen,
Rings von den Pulten grünten die Inseln der Welt,
Ich fühlte den Erdball rauchend sich unter mir drehen,
Zu rasender Fahrt um die Sonne geschnellt. – – –

Da warf ich dem Chef an den Kopf seine Kladden!
Und stürmte mit wütendem Lachen zur Türe hinaus.
Und saß durch Tage und Nächte mit satten und glatten
Bekannten bei kosmischem Schwatzen im Kaffeehaus.

Und einmal sank ich rückwärts in die Kisten,
Von einem angstvoll ungeheuren Druck zermalmt. –
Da sah ich: Daß in vagen Finsternissen
Noch sternestumme Zukunft vor mir qualmt.

Yvan Goll

Unterwelt

Das goldne Auto gleitet wie ein Kahn
auf nächtlich tiefem Boulevard.
Gebirge donnern in der Nacht,
gepeitscht von unserm scharfen Licht.
In Schluchten stürzen wir mit aufgetanen Engelsflügeln.
Da ist das Kabarett. Und eine Wolke hüllt uns gotthaft ein.
O schon am Eingang steht der Frack mit seinen tausend Buckeln.
Ein Rezitator läßt aus schwarzem Mund
die fuseldumpfe Vorstadt qualmen:
Die Hochzeit und den Leichengang verweinten Nähmamsells.
Da stößt Cupido goldne Türen auf und
rosa Tänzerinnen schleudern ihre Beine wie Seraphen.
Du am Büfett, gewesene Kokotte,
blaß im Korb erfrorne Anemonen,
Mit deinen großen runden Augen wie ein Nachtinsekt
aus Rosen stierend,
Sei du die Fackel unsrem Totentanz!
Doch tiefer noch, die Schatten wirbeln dunkler.
Ein Proletarier klopft mir auf die Schulter: »Ho, Genoß, Salut!«
Ein Maurer, stieg er eben aus dem Untergrundbahntunnel
Mit einem weißen, schimmerweißen Kittel,
Doch brennt ein schwarzer Fleck darin, sein ausgehungert Herz.
Musik! Musik! Die Erde ist versteinerte Musik!
Die lös ich wieder frei mit Dirnen schönen Namen.
O Frack, was lächelst du? Mein Lebensgold
zerschmolz in deiner Hölle.
O Auto, ungeduld'ger Kahn, der uns
zur schwarzen Erde wieder trägt!

Der Torso

Europa, du schütternder Torso!
Auf dem Sockel der Massengräber stehst du, tief im Jahrhundertschutt der Schlachten.
Nichts als ein schwarzer Knäuel, ein rauher Krampf der Erde gegen den Himmel.
Du massige Anklage gegen den Menschen: Torso, du unsterbliches Denkmal des Mords,
Um dich tanzen die nächsten Sieger schon, du Götze des eisernen Kriegs.
Gelbes Meer wird kommen, dich umrauschen. Die weißen Neger von Amerika werden dich umschleichen.
All deine Freiheit wird als schöner Traum entflattern. Deine Märtyrer werden ihre Tyrannen auf Knien küssen.
Auf dem Newsky-Prospekt wird ewiges Begräbnis sein. In Kaiserschlössern harter Tower eingerichtet.
Europa, du bröckelnder Torso, du Rumpf der Welt!

Albert Ehrenstein

Der Kriegsgott

Heiter rieselt ein Wasser,
Abendlich blutet das Feld,
Aber aufreckend
Das wildbewachsene Tierhaupt,
Den Menschen feind, zerschmetter ich, Ares,
Zerkrachend schwaches Kinn und Nase,
Türme abdrehend vor Wut, eure Erde.
Lasset ab, den Gott zu rufen, der nicht hört.
Nicht hintersinnet ihr dies:
Meine Unterteufel herrschen auf Erden,
Sie heißen Unvernunft und Tollwut.
Menschenhäute spannt ich
An Stangen um die Städte.
Der ich der alten Burgen wanke Tore
Auf meine Dämonsschultern lud,
Ich schütte aus die dürre Kriegszeit,
Steck Europa in den Kriegssack.
Rot umblüht euer Blut
Meinen Schlächterarm,
Wie freut mich der Anblick!
Der Feind flammt auf
In regenbitterer Nacht,
Geschosse zerhacken euere Frauen,
Auf den Boden
Verstreut sind die Hoden
Euerer Söhne
Wie die Körner von Gurken.
Unabwendbar euren Kinderhänden
Köpft euere Massen der Tod.
Blut gebt ihr für Kot,
Reichtum für Not,
Schon speien die Wölfe
Nach meinen Festen,
Euer Aas muß sie übermästen.
Bleibt noch ein Rest
Nach Ruhr und Pest?
Aufheult in mir die Lust,
Euch gänzlich zu beenden!

Auf!

Umtost vom vaterländischen Geheul
Der Wehrpflichtwilden auf ihrem Kriegspfad,
Zitternd, wie einer, den der Arzt
Tauglich zum Tod sprach,
Erbleicht der Mensch, ihn bedrängt
Im unauslöffelbaren Kessel die Blutsuppe.

Sonnenflecken überschatten die Erde.

Kalt gelagert umscharen die Lache,
Unterwelt, deinen See,
Die Türme der Leichen.
Der ohnmächtige Fährmann
Packt das kleinliche Ruder,
Zertrümmert die Barke –
Ihm fronen Flotten
Torpedierter Ozeandampfer als
Totenschiffe.

Schwingt endlich den Hammer
Auf die Schädel der Mörder!

Der Erlöser

Auch ich ehrte
Die höllisch verlotterten Kriegsfackeln
Alexander, Channi-Baal, Cäsar, Napoleon.
Possierlich war mir das Schmunzeln des pfiffigen
Deichhauptmanns Bismarck,
Wenn rings jeder Kaiser ihm aufsaß.
Aber zuviel Mußhelden
Übersterben jetzt diese Zwangserde,
Begeistert fallen sie für die Anleihen
Der Taschenkrebse, die sich gemästet
In Kino-Marschällen verehren,
Glanzverwaschenen Filmen der Übelzeit.
Unzahl der Heroen verpestet die Feste,
Aber in Freiheit lebt kein Mensch!

Wann, wann naht, endend den Trott,
Ambrosisch leichten Stuhles ein Gott,
Scheißt auf die Erde,
Begräbt sie im gebührenden Kot?!

Heimkehr

Wo sind deine alten Wellen, o Fluß,
Und wo sind euere runden Blätter,
Ihr Akazienbäume der Jugend,
Und wo der frische Schnee
Der entwanderten Winter?
Heim kehr ich und finde nicht heim.
Es haben die Häuser sich anders gekleidet,
Schamlos versammelt sind sie
Zu unkenntlichen Straßen,
Es haben die Zopf tragenden
Mädchen meiner scheuesten Liebe
Kinder bekommen.

Leid

Wie bin ich vorgespannt
Dem Kohlenwagen meiner Trauer!
Widrig wie eine Spinne
Bekriecht mich die Zeit.
Fällt mein Haar,
Ergraut mein Haupt zum Feld,
Darüber der letzte
Schnitter sichelt.
Schlaf umdunkelt mein Gebein.
Im Traum schon starb ich,
Gras schoß aus meinem Schädel,
Aus schwarzer Erde war mein Kopf.

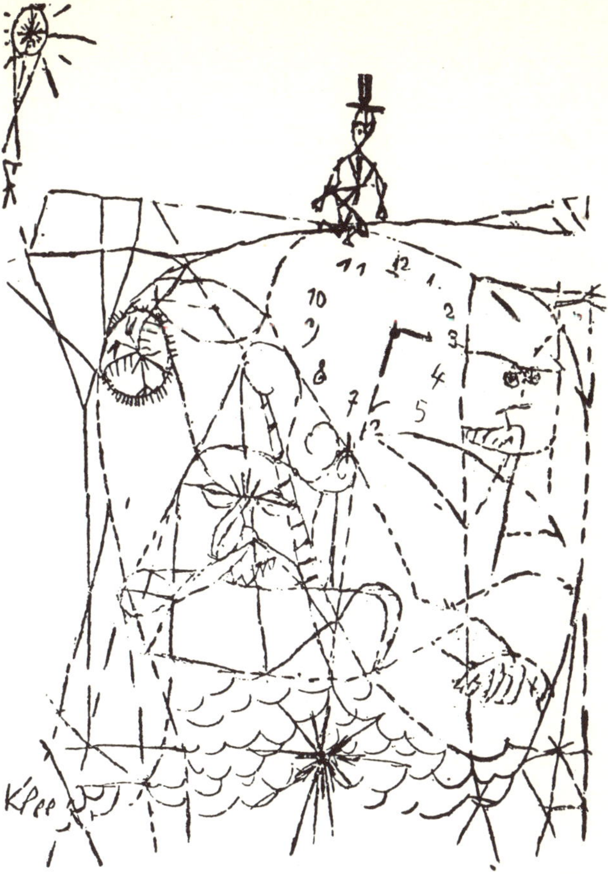

Ruhm

Sie besudeln das Firmament,
Sie werden statt ihrer Journale
Die Sterne bedrucken.

Mich widert der faulige Atem
Williger Besprecheriche.
Bitterer Arbeit Abendstirn
Spült doch ruckweise der Tod hinab!
Wir sind ja nur ein armes Gurgelwasser
Im Röcheln der Hure Zeit.

Ich bin des Lebens und des Todes müde

Und ob die großen Autohummeln sausen,
Aëroplane im Äther hausen,
Es fehlt dem Menschen die stete,
Welt erschütternde Kraft.
Er ist Schleim, gespuckt auf eine Schiene.

Und löst sich selbst die Klammer um die fernste
Ferne,
Erdklammer, die uns noch nicht läßt,
Weist dereinst am Eck
Ein heiliger Weltenschutzmann
Zum nächsten Nebelstern kürzeste Wege –
Sterblich vor allen ist die Erinnerung,
Die staubabwischende Göttin;
Schöne Laufrösche wuchsen
Der Dämmernden auf
Und starben dann.
Die brausenden Ströme ertrinken machtlos im
Meer.
Nicht fühlten die Siouxindianer
In ihren Kriegstänzen Goethe,
Und nicht fühlte die Leiden Christi
Der erbarmungslos ewige Sirius!

Nie durchzuckt vom Gefühl,
Unfühlend einander und starr
Steigen und sinken
Sonnen, Atome: die Körper im Raum.

Wilhelm Klemm

Verse

Verse, die lange Trauermäntel nachschleppen,
Verse, die in der Mitte Kröpfe haben,
Verse, die in Galgengerüste ausladen,
Verse, die wie betrunken hin und her taumeln.

Verse mit tausend Füßen und tausend Köpfen,
Verse mit Kieferzwang, gelähmt und verstümmelt,
Laute Gassenverse, wahre Sansculotten der Dichtung,
Brüllaffenverse, Schießprügelverse und ähnliches.

Verse, uralt, duftend wie fauliger Wein,
Verse, ganz neu, noch naß vom Frühlingsregen,
Eben vom Himmel gefallene Verse,
So lächerlich neu, daß sie beinahe noch in der Zukunft liegen.

Verse, ganz klein wie winzige Krankheitserreger,
Verse, kolossal, mit Girlanden von Sternen behängt,
Verse, die sich kreuzen wie Gitter eines Verließes,
Verse, die sich öffnen wie goldene Tempel –
Verse, Verse, Verse in Ewigkeit.

Terra nova

Wir standen am Ende der Welt. Wenn ich nur wüßte
Was das verrückte Licht zu bedeuten hat!
Komm her! Gib mir noch einmal die Feuerbowle.
Ich glaube, der kälteste Teil der Reise beginnt!

Schon weht ein neuer, ganz verdammter Wind.
Ich weiß nur noch nicht recht aus welcher Richtung.
Und vor uns bäumen sich fremde Dinge.
Wie sie weder Natur noch Erfahrung bietet.

Wir putzen krampfhaft den blanken Schild der Ehre.
Siehst du, das kommt von dem unvorsichtigen Schlafen!
Wenn du nicht mitkannst, will ich dirs wenigstens vormachen:
Plötzlich wipp ich mich ab schwerfälligen Flügelschlags.

Sehnsucht

O Herr, vereinfache meine Worte.
Laß Kürze mein Geheimnis sein.
Gib mir die weise Verlangsamung.
Wieviel kann beschlossen sein in drei Silben!

Schenk mir die glühenden Siegel,
Die Knoten, die Fernstes verknüpfen,
Gib den Kampfruf aus den heimlichen Schlachten der Seele,
Laß quellen den Schrei aus grünen Waldeskehlen.

Feuersignale, über Abgründe geblinkt,
Botschaften, in fremde Herzen gehaucht.
Flaschenposten im Meere der Zeit,
Aufgefangen nach vielen Jahrhunderten.

Meine Zeit

Gesang und Riesenstädte, Traumlawinen,
Verblaßte Länder, Pole ohne Ruhm,
Die sündigen Weiber, Not und Heldentum,
Gespensterbrauen, Sturm auf Eisenschienen.

In Wolkenfernen trommeln die Propeller.
Völker zerfließen. Bücher werden Hexen.
Die Seele schrumpft zu winzigen Komplexen.
Tot ist die Kunst. Die Stunden kreisen schneller.

O meine Zeit! So namenlos zerrissen,
So ohne Stern, so daseinsarm im Wissen
Wie du, will keine, keine mir erscheinen.

Noch hob ihr Haupt so hoch niemals die Sphinx!
Du aber siehst am Wege rechts und links
Furchtlos vor Qual des Wahnsinns Abgrund weinen!

Schlacht an der Marne

Langsam beginnen die Steine sich zu bewegen und zu reden.
Die Gräser erstarren zu grünem Metall. Die Wälder,
Niedrige, dichte Verstecke, fressen ferne Kolonnen.
Der Himmel, das kalkweiße Geheimnis, droht zu bersten.

Zwei kolossale Stunden rollen sich auf zu Minuten.
Der leere Horizont bläht sich empor.
Mein Herz ist so groß wie Deutschland und
Frankreich zusammen,
Durchbohrt von allen Geschossen der Welt.

Die Batterie erhebt ihre Löwenstimme
Sechsmal hinaus in das Land. Die Granaten heulen.
Stille. In der Ferne brodelt das Feuer der Infanterie,
Tagelang, wochenlang.

Schlacht am Nachmittag

Fern in dunkles Blau staffelte sich
Das Land. Dörfer brannten. Flammenfahnen
Standen schräg empor. Der Rauch ging träge
Und dünn über den Horizont, der geheimnisvoll gärte.

Geschützdonner rollte ernst. Über den Fluß
Drang verworrener Lärm. Gewehrfeuer meckerte.
Überall platzten Schrapnells. Die Wolken des Himmels
Wurden gefasert. Standen in blassen Flocken

Trübe über die Erde. Bis der Regen kam,
Gegen Abend. Lückenlos fallend auf Freund und Feind,
Auf das Feld der Ehre und Unehre. Auf Mann und Roß,
Auf Rückzug und Vormarsch. Auf Tote und Lebende.

Lied

Zierliche Birke du, neige
Dich tief in den Himmel hinein,
In deine hängenden Zweige
Kehrt der Abendstern ein.

In dem zarten Gehäuse
Leuchtet er doppelt klar,
Ein Fisch in himmlischer Reuse,
Golden und wunderbar.

Abendstern, friedliches Kleinod,
Birgt sich am Himmelsrand,
Purpurflore und Weinrot
Reichen ihm lieblich die Hand.

Abschied und kühles Verwehen,
Lange Dämmerung wacht.
Hirtengesänge gehen
Selig durch die Nacht.

August Stramm

Abendgang

Durch schmiege Nacht
Schweigt unser Schritt dahin
Die Hände bangen blaß um krampfes Grauen
Der Schein sticht scharf in Schatten unser Haupt
In Schatten
Uns!
Hoch flimmt der Stern
Die Pappel hängt herauf
Und
Hebt die Erde nach
Die schlafe Erde armt den nackten Himmel
Du schaust und schauerst
Deine Lippen dünsten
Der Himmel küßt
Und
Uns gebärt der Kuß!

Freudenhaus

Lichte dirnen aus den Fenstern
Die Seuche
Spreitet an der Tür
Und bietet Weiberstöhnen aus!
Frauenseelen schämen grelle Lache!
Mutterschöße gähnen Kindestod!
Ungeborenes
Geistet
Dünstelnd
Durch die Räume!
Scheu
Im Winkel
Schamzerpört
Verkriecht sich
Das Geschlecht!

Wacht

Die Nacht wiegt auf den Lidern
Müdigkeit flackt und neckt
Der Feind verschmiegt
Die Pfeife schmurgt
Verloren
Und
Alle Räume
Frösteln
Schrumpfig
Klein.

Patrouille

Die Steine feinden
Fenster grinst Verrat
Äste würgen
Berge Sträucher blättern raschlig
Gellen
Tod.

Krieggrab

Stäbe flehen kreuze Arme
Schrift zagt blasses Unbekannt
Blumen frechen
Staube schüchtern.
Flimmer
Tränet
Glast
Vergessen.

Der Ritt

Die Äste greifen nach meinen Augen
Im Einglas wirbelt weiß und lila schwarz und gelb
Blutroter Dunst betastet zach die Sehnen
Kriecht schleimend hoch und krampft in die Gelenke!
Vom Wege vor mir reißt der Himmel Stücke!
Ein Kindschrei gellt!
Die Erde tobt, zerstampft in Flüche sich
Mich und mein Tier
Mein Tier und mich
Tier mich!

Bemerkungen zu August Stramm »Untreu«

August Stramm als Urvater des »abstrakten Expressionismus« verstehen, heißt, ihn mißverstehen – er ist ein Naturalist. Daran ändert nichts, daß seine Lieblingsvorwürfe menschliche Binnensensationen sind, Verstörungen der Seele oder Aufwallungen des Gefühls – auch solche Leiden und Leidenschaften sind Naturerscheinungen, die faß einer erstmal in Sprache so daß sie paßt.

Dein Lächeln weint in meiner Brust
Die glutverbissnen Lippen eisen
Im Atem wittert Laubwelk!
Dein Blick versargt
Und
Hastet polternd Worte drauf.
Vergessen
Bröckeln nach die Hände!
Frei
Buhlt dein Kleidsaum
Schlenkrig
Drüber rüber!

In diesem Sinn ist die traurige Liebesballade »Untreu« ein Modellfall für poetische Maßschneiderei am lebenden, zerfließenden Objekt. Was zur Debatte steht und aus der Bewegung heraus in Form gegossen wird, das ist das Auseinanderbröckeln einer Beziehung oder – um es anders herum zu sagen – eine Entfremdung in statu nascendi. Die Rollenverteilung innerhalb des Minidramas ist dabei schon nach der ersten Zeile klar. Ein Lächeln eröffnet ostentativ die Szene und rührt – in Rezensentenprosa gesprochen – eine empfindsame Brust zu Tränen. Das ist von der Bildersprache her weder neu, noch hergeholt-gewaltsam und schon gar nicht unnatürlich. »Als sie sich nun aber lächelnd abwendete«, so sagt es ein romantischer Dichter, »zog sich das Herz in meiner Brust zusammen und ich spürte ein Schluchzen in mir aufsteigen«. Und das Volkslied schildert den Vorgang nicht viel anders: »Feinsliebchen hat gelachet, das Herz brach mir entzwei.«

Nur ein weniges mehr an sprachlicher Verdichtung, so scheint es, nur um eine winzige Schraubenwindung weiter angezogen die Antithese, und der Gegen-Satz ist zum Oxymoron verschmolzen: ein Lächeln dort, das sich hier als Weinen niederschlägt. Solche Art der Verdichtung Abstraktion zu nennen, scheue ich mich, solange die Methode eigentlich der Einfühlung oder der Naturnachahmung dient. Wo Untreue sich für den Betrogenen in einem Lächeln zu erkennen gibt, dort wird das Lächeln aktiv zum Impulsgeber. Wo andererseits ein Ich von Liebe wie von einem Blitz getroffen wird, stellt es kaum noch einen Akteur mit richtiger Handlungsvollmacht dar.

Vollkommen realistisch tritt hier also das Lächeln als Handlungsträger auf, und ohne daß wir so Schlagworte wie Verdinglichung und Depersonalisierung gleich über das kleine Seelendrama stülpen müßten, geht der so gern zitierte »Ichverlust« aus der Situation selbst hervor. Vom Ich-persönlich ist freilich weder jetzt noch auch im folgenden die Rede, und Personalien wesen nur noch schattenhaft in den besitzanzeigenden Fürwörtern herum. Richten wir also unser Augenmerk mit besonderer Achtsamkeit auf diese und die Dramaturgie der unterschiedlichen Gemütsbewegungen, der offen ausgestellten sowohl wie der ohnmächtig nach innen verschlagenen.

Sie entwickelt sich, wie mir scheint, mit der Logik eines bösen Liebeszaubers. Weil mit der Untreue zwangsläufig auch die Lüge auf den Plan tritt, verwandeln sich die Lebensäußerungen der Ungetreuen bei dem betroffenen Partner fortlaufend zu Empfindungen des Trauerns und des Hinscheidens. Das Lachen läuft bei ihm auf ein Weinen hinaus. Verhohlenverbissene Liebesglut assoziiert ein eisiges Sichentfernen. Und selbst im Atem kündigt sich ein herbstlicher Trennungsschauder an.
Damit haben wir in reichlich krakeliger Prosa beschrieben, was das Poem bei weitem plausibler und vor allem ganz unumwunden ausdrückt: den Wesenswandel von an sich positiven Reizen zu negativen Reflexen. Aber es ist nicht nur dies. Obwohl ein handelndes Individuum im eigentlichen Sinne nicht auszumachen ist, sehen wir doch unentwegt grammatikalische Subjekte tätig werden, die die Entfremdung in immer neue Aggregatzustände überführen. Wo es heißt, daß das »Lächeln weint«, da begegnet uns der Liebesschmerz gewissermaßen in flüssigem Zustand. Eisende Lippen (freilich nicht schon »vereisende«) lassen das Leid als mählich sich verfestigend erscheinen. Und witterndes »Laubwelk« (auch noch nicht zu »welkem Laub« verewigt) versinnlicht den Abschiedsgram zum trauervollen Luftphänomen.

All diese gar nicht einmal so seltsam erscheinenden Sensationierungen verweisen (»weint« – »eisen« – »wittert«) auf einen noch nicht abgeschlossenen Prozeß. Erst mit dem »Blick« kommt dann eine neue, abschließende Bewegung ins laufende Trauerspiel; er »versargt«, was wohl nichts anderes heißt, als daß hier eine Liebe beerdigt, eine Hoffnung endgültig zu Grabe getragen wird. Der böse Leichenbitterblick bestätigt jedenfalls noch einmal diesen Eindruck von Beisetzung und Abfertigung. Es ist in wahrstem Sinne des Wortes ein sprechender Blick: Er hat nämlich noch Worte zur Verfügung; sie sitzen ihm sogar sehr locker; er hastet sie nur so heraus; da poltern sie, pladdern sie auch schon auf den Sarg wie lieblos nachgeworfene Erdschollen.

Was die rhythmische Kurve angemessen, das heißt einfach sang- und klanglos auslaufen läßt, das Nachbröckeln der Hände, bleibt dennoch einigermaßen mehrdeutig und unverständlich. Bröckeln die Hände wohl in der Wahrnehmung des Betrogenen handgreiflich selbst hinterher – eine zerfallende Geste des »Najanun«? Oder bröckeln sie dem Eingesargten das Vergessen als Akkusativ auf den Kistendeckel? Deutlich und sonnenklar wird die Situation erst wieder mit dem Blick auf den buhlerischen Kleidsaum, den frech und frivol emanzipierten Rockzipfel. Er zeigt nämlich nicht nur die Treulose frei und ledig, sondern auch den unfreiwilligen Passionsspieler aus seinen Zwingen gelöst.
Ein Verhexter und Verwunschener zu Anfang, den jeder neu gesetzte Reiz aufs neue in den Bann schlug, erscheint er jetzt als restlos entzauberter Spießer, der der Entweichenden den Mangel an Moral an der Rockkante nachmessen möchte. Eine Figur, von der wir fast sagen möchten, daß ihr die Pelle der beleidigten Leberwurst sitzt wie angegossen, alteriert sich über das buhlerisch-freie Wesen eines Gewandes, was selbstverständlich sofort die Assoziation des Hurenhaften oder Vernutteten nach sich zieht.

Bleibt für uns – dennoch! – das von einem bedeutenden Dichter im kleinlichen Bürger großartig im Fluge erfaßte Bild dieses schlenkrigen Hin-und-Her: ein imponierend lasziver Schwung aus der Hüfte heraus und weit ins Überall und Nirgendwo hinein.

Autoren und Quellen

Ernst Stadler

Wurde am 11. August 1883 in Colmar (Elsaß) als Sohn eines Staatsanwalts geboren. Studium der Germanistik und Romanistik in Straßburg und München. (Gründete 1902 zusammen mit René Schickele und Otto Flake die Zeitschrift »Der Stürmer«.) 1906 Dr. phil. 1908 Habilitation mit einer Arbeit über Wielands Shakespeare-Übersetzungen. Verschiedene Studienaufenthalte in England. 1910–1914 als Privatdozent an der Universität Brüssel. Konnte einem Ruf an die Universität Toronto wegen Ausbruch des Krieges nicht mehr folgen. Er fiel am 30. Oktober 1914 bei Ypern.

Werke: »Präludien«, Straßburg 1905. »Der Aufbruch«, Leipzig 1914. »Dichtungen«, Eingel. und hrsg. v. Karl Ludwig Schneider. 2 Bde., Hamburg 1954. »Dichtungen, Schriften, Briefe. Kritische Ausgabe, hrsg. v. Klaus Hurlebusch u. Karl L. Schneider, München 1983. »Form ist Wollust«, »Anrede«, »Vorfrühling« und »Der Aufbruch«: aus »Der Aufbruch«, 1914. – »Fahrt über die Kölner Rheinbrücke bei Nacht«: aus der Zeitschrift »Die Aktion«, 23. April 1913. – »Fluß im Abend«: aus der Zeitschrift »Die Aktion«, 22. Januar 1912 (hier nach dieser ersten Fassung).

Georg Heym

Wurde am 30. 10. 1887 in Hirschberg (Schlesien) als Sohn eines Militäranwalts geboren. Mit 13 Jahren Übersiedlung nach Berlin. 1905–1907 auf dem Gymnasium in Neuruppin. Studierte 1907–1910 Jura in Würzburg und Berlin. 1910 Verbindungen zu Kurt Hillers »Neuem Club«. 1911 Promotion in Rostock. Ertrank am 16. 1. 1912 zusammen mit seinem Freund Ernst Balcke beim Eislauf auf der Havel.

Werke: »Der ewige Tag«, Leipzig 1911. »Umbra vitae. Nachgelassene Gedichte«, Leipzig 1912. »Marathon. 12 Sonette«, Berlin 1914. »Dichtungen«, Hg. v. Kurt Pinthus, München 1922. – »Dichtungen und Schriften«, Gesamtausgabe. Hrsg. v. Karl Ludwig Schneider, Hamburg und München 1964.
»Der Gott der Stadt«: aus »Der ewige Tag«, 1911 (entstanden 1910). – »Die Dämonen der Städte«: aus der Zeitschrift »Die Aktion«, 27. Februar 1911 (entstanden Dezember 1910). – »Der Krieg« (entstanden September 1911). »Die Seefahrer« (entstanden September 1911), »Alle Landschaften haben«, »Mit den fahrenden Schiffen« (entstanden 1911), »Fröhlichkeit« (entstanden 1911) und »Deine Wimpern, die langen...« (entstanden 1911): aus »Umbra vitae«, 1912. – »Im kurzen Abend«: aus »Dichtungen«, 1922 (entstanden 1911).

Georg Trakl

Geboren am 3. 2. 1887 in Salzburg als Sohn eines Eisenhändlers; von 1897–1905 am humanistischen Staatsgymnasium in Salzburg, das Trakl wegen mangelhafter Leistungen in Latein, Griechisch und Mathematik verlassen mußte. Anschließend Apothekerlehre und dreijährige Praktikantenzeit.

1908–1910 Studium der Pharmazie in Wien. 1910–1911 als Einjährig-Freiwilliger Dienst bei einer k.u.k. Sanitätsabteilung in Wien. Beginn schwerer Depressionen. Lebte zeitweilig im Hause Ludwig von Fickers, an dessen Zeitschrift »Der Brenner« er mitarbeitete. Zunehmende Abhängigkeit von Alkohol und Drogen. Bei Kriegsausbruch mit einer Sanitätskolonne nach Galizien. Mußte nach der Schlacht von Grodek neunzig Schwerverwundete betreuen. Selbstmordversuch. Zur Beobachtung seines Geisteszustandes in das Garnisonshospital Krakau eingeliefert, starb Trakl am 3. November 1914 an einer Überdosis Kokain.

Werke: »Gedichte«, Leipzig 1913. »Sebastian im Traum«, Leipzig 1915. »Dichtungen und Briefe«, Historisch-kritische Ausgabe. Hrsg. v. Walther Killy und Hans Szklenar, 2 Bde., Salzburg 1969. »Das dichterische Werk«, nach der historisch-kritischen Ausgabe v. Killy/Szklenar, München 1972.
»In den Nachmittag geflüstert«: aus der Zeitschrift »Der Brenner«, 3/1912. »In ein altes Stammbuch«, Trübsinn« und »Menschheit«: aus »Gedichte«, 1913. – »Ein Winterabend«: aus »Sebastian im Traum«, 1915. – »Gesang des Abgeschiedenen«: aus der Zeitschrift »Der Brenner«, 4/1914. – »Grodek«: aus der Zeitschrift »Der Brenner«, 5/1915.

Franz Werfel

Am 10. 9. 1890 als Sohn eines Handschuhfabrikanten in Prag geboren. Besuch des Gymnasiums in Prag. Studien in Prag, Wien, Hamburg und Leipzig. 1910 Beginn einer kaufmännischen Lehre in Hamburg. 1911 als Lektor im Kurt-Wolff-Verlag, wo er die Heftreihe »Der jüngste Tag« begründete. Freundschaften mit Franz Kafka und Max Brod. 1915–1917 Dienst im österreichischen Heer. Anschließend als freier Schriftsteller in Wien. Bekanntschaft mit Alma Mahler, der Witwe des Komponisten Gustav Mahler, und Heirat. 1933 Ausschluß aus der preußischen Dichterakademie. 1938 emigrierte Werfel nach Frankreich und floh bei Einmarsch der deutschen Truppen 1939 über die Pyrenäen nach Portugal, 1940 nach Amerika. Gestorben am 27. August 1945 in Beverly Hills (Kalifornien).

Werke: »Der Weltfreund«, Berlin 1911. »Wir sind. Neue Gedichte«, Leipzig 1913. »Einander. Oden, Lieder, Gestalten«, Leipzig 1915. »Gesänge aus den drei Reichen« (Ausgewählte Gedichte), Leipzig 1917. »Der Gerichtstag«, Leipzig 1919. »Beschwörungen«, München 1923. »Neue Gedichte«, Wien 1927. »Das lyrische Werk«, hrsg. v. Adolf D. Klarmann, Frankfurt a. M. 1967.
»Der schöne strahlende Mensch«: aus »Der Weltfreund«, 1911. – »Lächeln Atmen Schreiten«, »Veni creator spiritus«, »Fremde sind wir auf der Erde alle«, »Die Wortemacher des Krieges« (entstanden August 1914) und »Revolutions-Aufruf«: aus »Einander«, 1915. – »Ein geistliches Lied«: aus »Wir sind«, 1913.

Ernst Blass

Geboren am 17. 10. 1890 in Berlin. 1908–1913 Studium der Jurisprudenz in Berlin und Heidelberg. Freundschaft mit Kurt Hiller und Mitbegründer des »Neuen Club«. Ab 1913 in Heidelberg. 1914–15 Herausgeber der Monatszeitschrift »Die Argonauten« (Mitarbeiter u.a. Walter Benjamin, Ernst Bloch, Robert Musil, Franz Werfel). 1915 Promotion zum Dr. jur. Rückkehr nach Berlin 1924 als Lektor beim Verlag Paul Cassirer. Tätigkeiten als Archivar bei der Dresdner Bank und als Filmkritiker. 1926 Beginn eines schweren Augenleidens. Gestorben am 23. Januar 1939 an Tuberkulose in Berlin.

Werke: »Die Straßen komme ich entlanggeweht«, Heidelberg, 1912. »Die Gedichte von Trennung und Licht«, Leipzig 1915. »Die Gedichte von Sommer und Tod«, Leipzig 1918. »Der offene Strom«, Heidelberg 1921. »Die Straßen komme ich entlanggeweht«, hrsg. und mit einem Nachwort von Thomas B. Schumann, Frankfurt a. M., 1975 und München 1980.
»An Gladys«, »Abendstimmung«, »Gen Haus«, »Arrangement« und »Sonnenuntergang«: aus »Die Straßen komme ich entlanggeweht«, 1912. – »Sonntagnachmittag«: aus der Zeitschrift »Die Aktion«, 22. Mai 1911. – »Die Jungfrau«: aus der Zeitschrift »Die Aktion«, 20. Februar 1911. – »Der Nervenschwache«: aus der Zeitschrift »Der Sturm«, I/1910–11.

Jakob van Hoddis

(Anagrammatisches Pseudonym für Hans Davidsohn). Geboren am 16. 5. 1887 als Sohn eines hohen Staatsbeamten in Berlin. 1906 Abitur am städtischen Friedrichs-Gymnasium. 1906–07 Studium der Architektur in München und ein halbes Jahr Praktikum am Bau. Ab 1907 Studium der Philosophie und der klassischen Philologie in Jena, dann Berlin. 1909–11 Mitbegründer des »Neuen Club« und des daraus hervorgehenden »Neopathetischen Cabaret«. Freundschaft mit Hugo Ball, Emmy Hennings und Ludwig Meidner. Seit 1912 erste Anzeichen von Schizophrenie. 1913 abwechselnd in Paris, München, Berlin. Kurz vor Kriegsausbruch 1914 Einlieferung in die Heilanstalt Jena. Konversion zum Katholizismus. Seit 1933 in der jüdischen Heilanstalt Sayn bei Koblenz. Am 30. April 1942 unter der Nr. 8 von den Nazis deportiert. Genaues Todesdatum unbekannt.

Werke: »Weltende«, Berlin 1918. »Weltende. Gesammelte Dichtungen«, hrsg. v. Paul Pörtner, Zürich 1958. »Dichtungen und Briefe«, hrsg. v. Regina Nörtemann u. Paul Raabe, Zürich 1987.
»Weltende«: aus der Zeitschrift »Der Demokrat«, 11. Januar 1911. – »Aurora«: aus der Zeitschrift »Die Aktion«, 8. Januar 1913. – »Traum«: aus der Zeitschrift »Der Sturm« II, 53/1912. – »Kinematograph«: aus der Zeitschrift »Der Sturm« II, Nr. 47/1912. – »O Nacht zärtlicher Sterne«: aus Pörtner »Weltende«, 1958 (entstanden 1912–14). – »Couplet«: aus der Zeitschrift »Die Aktion«, 14. März 1914. – »Der Todesengel«: aus der Zeitschrift »Die Aktion«, 10. Januar 1914.

Alfred Lichtenstein

Geboren am 23. 8. 1889 als Sohn eines Fabrikanten in Berlin. 1899–1909 Schüler am Luisenstädtischen Gymnasium. 1909–1912 Studium der Jurisprudenz an der Friedrich-Wilhelm-Universität. 1913 Fortsetzung der Studien in Erlangen und Anfang 1914 Promotion mit einer Arbeit über Theaterrecht (»Die rechtswidrige öffentliche Aufführung von Bühnenwerken«). Seit 1910 Veröffentlichung in Herwarth Waldens »Der Sturm« und ab 1912 regelmäßige Mitarbeit an Franz Pfemferts »Die Aktion«. Ab Oktober 1913 als Einjähriger beim 2. Bayerischen Infanterieregiment. Am 8. August 1914 Abtransport an die Westfront. Gefallen am 25. September 1914 bei Vermandovillers an der Somme.

Werke: »Die Dämmerung«, Berlin 1913. »Gedichte«, hrsg. v. Kurt Lubasch, Berlin 1919. »Gesammelte Gedichte«, hrsg. v. Klaus Kanzog, Zürich 1962. »Dichtungen«, hrsg. v. Klaus Kanzog, Hartmut Vollmer u. Paul Raabe, Zürich 1987.
»Die Wehmut«: aus »Jahrbuch der Deutschen Schiller-Gesellschaft«, 5/1961 (entstanden 1909). – »Ein Generalleutnant singt« (entstanden 1914) und »Montag auf dem Kasernenhof« (entstanden 1914): aus »Gedichte«, 1919. – »Die Dämmerung«: aus der Zeitschrift »Der Sturm« 1, Nr. 55/1911. – »Nebel«: aus der Zeitschrift »Simplicissimus«, 3. November 1913. – »Sommerfrische«: aus der Zeitschrift »Die Aktion«, 4. Oktober 1913. – »Spaziergang«: aus dem Beiblatt der Bücherei Maiandros, 1. Februar 1914 (entstanden 1913). – »Abschied«: aus »Der Krieg, ein Flugblatt«, hrsg. von A. R. Meyer, 1914.

Paul Boldt

Über Boldt gab es bisher nur wenige und sehr divergierende Angaben. Nach jüngsten Forschungen (Wolfgang Minaty, Paul Boldt und die ›Jungen Pferde‹ des Expressionismus, Stuttgart [Akad. Vlg. Heinz] 1976): Am 31. 12. 1885 in Christfelde bei Kulm (Westpreußen) als Sohn eines kleinen Gutsbesitzers geboren, wuchs in Peterswalde (südlich von Danzig) auf, wollte in Berlin studieren, schloß sich aber dann dem »Aktion«-Kreis um Franz Pfemfert an. Freundschaften mit Literaten, Dirnen und Drogen. Die preußische Armee entläßt im Krieg den Kanonier Boldt wegen »Verwirrungszustand«. 1918 beginnt Boldt Medizin zu studieren und stirbt am 16. 3. 1921 nach einer Operation in Freiburg/Br. an Embolie.

Werke: »Junge Pferde! Junge Pferde!«, Leipzig 1914. »Junge Pferde! Junge Pferde!« Gesamtwerk, hrsg. v. Wolfgang Minaty, Olten 1979.
»Junge Pferde«: aus der Zeitschrift »Die Aktion«, 23. Oktober 1912. – »Die Sintflut« und »Herbstgefühl«: aus der Zeitschrift »Die Aktion«, 21. August 1912. – »Novemberabend«: aus der Zeitschrift »Die Aktion«, 20. November 1912. – »Tiergarten«, »Friedrichstraßenkroki 3 Uhr 20 nachts« und »Das Wiedersehen«: aus »Junge Pferde! Junge Pferde!«, 1914. – »In der Welt«: aus der Zeitschrift »Die Aktion«, 5. Juli 1913.

Ferdinand Hardekopf

Geboren am 15. 12. 1876 in Varel/Oldenburg. Besuch des Gymnasiums in Oldenburg und anschließende kaufmännische Ausbildung. Zwischen 1900 und 1916 in Berlin. Tätigkeit als Journalist und Reichstagsstenograph. Sporadischer Besuch von Universitäten. 1911 kurzfristig in München und Mitarbeit an Alfred Kerrs »Pan«. Anschließend wieder in Berlin. Vorliebe für Bohème-Leben. Mitarbeiter der »Aktion«, auch unter dem Pseudonym Stefan Wronski. Als radikaler Kriegsgegner emigrierte er 1916 in die Schweiz. Zeitweilige Kontakte zu den Zürcher Dadaisten. 1921/22 gründete er zusammen mit Rosa Valetti das Kabarett »Größenwahn« in Berlin. Dann in der Schweiz und in Frankreich ansässig. Als Übersetzer französischer Literatur tätig. Während des zweiten Weltkrieges von den Franzosen interniert und nur auf Gides Einspruch hin freigelassen. In der Zwischenzeit sind seine Koffer mit der gesamten Lebensarbeit verlorengegangen. Am 24. März 1954 in Zürich gestorben.

Werke: »Lesestücke«, Berlin 1916. »Privatgedichte«, München 1921. »Gesammelte Dichtungen«, hrsg. von Fanny Moor-Wittenbach, Zürich 1963. »Dichtungen«, hrsg. v. Ingrid Heinrich-Jost u. Paul Raabe, Zürich 1988.
»Spät«: aus der Zeitschrift »Die Weißen Blätter«, 3/I 1916. – »Spleen«: aus »Lesestücke«, 1916. – »Splendeurs et misères des courtisans« und »Baum«: aus »Privatgedichte«, 1921. – »Notiz«: aus der Zeitschrift »Die Aktion«, 9. Oktober 1911. – »Zwiegespräch«: aus »Privatgedichte«, 1921.

Else Lasker-Schüler

Geboren am 11. 2. 1869 als Tochter eines Bankiers in Elberfeld. Heiratete 1884 den Arzt B. Lasker, von dem sie sich nach wenigen Jahren trennte. War 1901–11 mit Herwarth Walden verheiratet. Freundschaft mit Peter Hille, Theodor Däubler, Franz Marc, Gottfried Benn, Franz Werfel, Karl Kraus. Zählte zur Berliner Bohème. Lebte vorwiegend in Berlin. 1933 Emigration zunächst in die Schweiz, dann, 1937 nach Palästina. Starb am 22. 1. 1945 verarmt in Jerusalem.

Werke: »Styx«, Berlin 1902. »Der siebente Tag«, Berlin 1905. »Meine Wunder«, Karlsruhe und Leipzig 1911. »Hebräische Balladen«, Berlin 1913. »Die gesammelten Gedichte«, Leipzig 1917. »Sämtliche Gedichte«, hrsg. v. Friedhelm Kemp, München 1966.
»Weltende«: aus »Der siebente Tag«, 1905. – »Ein Lied«, »Abschied« und »Giselheer dem Heiden«: aus »Gesammelte Gedichte«, 1917. – »Ein alter Tibetteppich«: aus »Meine Wunder«, 1911. – »Gebet«: aus »Gesammelte Gedichte«, 1917.

Gottfried Benn

Geboren am 2. 5. 1886 als Sohn eines Pfarrers in Mannsfeld (Krs. Westpriegnitz). Aufgewachsen in Sellin in der Neumark und Besuch des Gymnasiums in Frankfurt/Oder. Studierte auf Wunsch des Vaters zunächst Theologie und Philosophie in Marburg, dann Medizin in Berlin. 1912 Promotion und Approbation als Arzt in Berlin. Freundschaft mit Else Lasker-Schüler. Während des ersten Weltkriegs als Militärarzt an der Westfront, dann in Brüssel. Von 1918 bis 1935 Facharzt für Haut- und Geschlechtskrankheiten in Berlin. In der Anfangszeit des Hitler-Regimes Versuch der ideologischen Annäherung an den Nationalsozialismus. Wurde als »unerwünschter Autor« und »Kulturbolschewist« abgewiesen. 1938 Ausschluß aus der »Reichsschrifttumskammer«. Schreibverbot. Während des 2. Weltkriegs Militärarzt. Ließ sich nach 1945 wieder als Facharzt in Berlin nieder. Dort am 7. 7. 1956 gestorben.

Werke: »Morgue und andere Gedichte«, Berlin 1912. »Söhne. Neue Gedichte«, Berlin 1913. »Fleisch«, Berlin 1917. »Die gesammelten Schriften«, Berlin 1922. »Schutt«, Berlin 1924. »Betäubung«, Berlin 1925. »Spaltung«, Berlin 1925. »Gesammelte Gedichte«, Berlin 1927. – »Gesammelte Werke«, hrsg. v. Dieter Wellershoff, Bd. 3: Gedichte, Wiesbaden 1960. »Sämtliche Werke. Stuttgarter Ausgabe«, in Verbindung mit Ilse Benn hrsg. v. Gerhard Schuster, Bd. 1, 2: Gedichte, Stuttgart 1986. »Gesammelte Werke in der Fassung der Erstdrucke«, hrsg. v. Bruno Hillebrand, Bd. 1: Gedichte, Frankfurt 1982.

»Mann und Frau gehn duch die Krebsbaracke« und »Schöne Jugend«: aus »Morgue und andere Gedichte«, 1912. – »Untergrundbahn«: aus der Zeitschrift »Der Sturm« 4, 1913/14. – »Gesänge«: aus der Zeitschrift »Die Aktion«, 30. September 1916. – »Prolog zu einem deutschen Dichterwettstreit«: aus der Zeitschrift »Die Aktion«, 9/10, 1922.

Johannes R. Becher

Geboren am 22. 5. 1891 als Sohn eines Amtsrichters in München. Studierte 1911 Medizin und Philosophie in Berlin und München, 1918/19 in Jena. Heftige Familienkonflikte bewegen Becher und seine jugendliche Freundin zum gemeinsamen Selbstmord. Becher wird mit zwei Kugeln in der Brust gerettet und durch Vermittlung des einflußreichen Vaters vor dem Gefängnis bewahrt. Während des Krieges Annäherung an die Kommunistische Partei und Mitglied des Spartakusbundes. In der Nacht des Reichstagsbrandes kann er sich der Verhaftung entziehen und in die Tschechoslowakei fliehen. 1935 Emigration in die Sowjetunion. In Moskau Redakteur der »Internationalen Literatur/Deutsche Blätter«. 1945 Rückkehr nach Berlin (Ost). Seit 1954 Minister für Kultur und Volksbildung in der DDR. Gestorben am 11. 10. 1958 in Berlin.

Werke: »Der Ringende. Kleist-Hymne«, Berlin 1911. »Die Gnade eines Frühlings«, Berlin 1912. »De produndis Domine«, München 1913. »Verfall und Triumph«, 2 Bde., Berlin 1914. »An Europa. Neue Gedichte«, Leipzig 1916. »Verbrüderung«, Leipzig 1916. »Päan gegen die Zeit«, Leipzig 1918. »Die heilige Schar«, Leipzig 1918. »Das neue Gedicht«, Leipzig 1918. »Gedichte um Lotte«, Leipzig 1919. »Gedichte für ein Volk«, Leipzig 1918. »An alle! Neue Gedichte«, Berlin 1919. »Ewig im Aufruhr«, Berlin 1920. »Zion«, München 1920. »Der Gestorbene«, Regensburg 1921. »Um Gott«, Leipzig 1921. »Verklärung«, Berlin 1922. »Vernichtung. An die Deutschen. Mord. Drei Hymnen«, Konstanz 1923. »Am Grabe Lenins«, Wien 1924. »Hymnen«, Leipzig 1924. »Der Leichnam auf dem Thron«, Berlin 1925. »Maschinenrhythmen«, Berlin 1926. – »Gesammelte Werke«, hrsg. v. Johannes-R.-Becher-Archiv der Deutschen Akademie der Künste, Berlin und Weimar 1966–1969. Bd. 1 »Ausgewählte Gedichte 1911–1918«, Bd. 2 »Ausgewählte Gedichte« 1919–1925«.
»Die neue Syntax«: aus »An Europa«, 1916. – »Beengung«: aus »Verfall und Triumph«, 1914. – »Berlin«: aus der Zeitschrift »Die neue Kunst« I, 1913/14. – »An den Vater«: aus »Verbrüderung«, 1916. – »Der Dichter meidet strahlende Akkorde...«: aus »An Europa«, 1916.

Paul Zech

Geboren am 19. 2. 1881 als Sohn eines Lehrers in Briesen (Westpreußen). Wuchs bei bäuerlichen Verwandten im Bergischen Land auf. Schulbesuch in Wuppertal-Elberfeld. Studierte in Bonn, Heidelberg und Zürich. Arbeitete »aus sozialem Idealismus« als Hauer und Steiger in Kohlenzechen des Ruhrgebiets und dann in den Eisenhütten von Belgien und Nordfrankreich. Seit 1910 als Redakteur, Dramaturg, Bibliothekar und Übersetzer in Berlin. Zwischen 1913 und 1923 Mitherausgeber des »Neuen Pathos«. Freundschaft mit Richard Dehmel, Georg Heym, Emil Verhaeren und Stefan Zweig. 1933 durch die Nazis in Spandau interniert. Nach seiner Freilassung über Prag nach Paris und Triest. Emigrierte 1937 nach Buenos Aires, wo er am 7. 9. 1946 starb.

Werke: »Waldpastelle«, Berlin 1910. »Schollenbruch«, Berlin 1912. »Das schwarze Revier«, Berlin 1913 (neue gänzlich umgestaltete Ausgabe, München 1922). »Schwarz sind die Wasser der Ruhr. Gesammelte Gedichte aus den Jahren 1902–1910«, Berlin 1913. »Die Sonette aus dem Exil«, Berlin 1913. »Die eiserne Brücke. Neue Gedichte«, Leipzig 1914. »Der feurige Busch. Neue Gedichte (1912–1917)«, München 1919. »Vor Cressy an der Marne«, 1916. »Helden und Heilige«, Leipzig 1917. »Das Grab der Welt«, Hamburg 1919. »Das Terzett der Sterne«, München 1920. »Golgatha«, Hamburg/Berlin 1920. »Die ewige Dreieinigkeit«, Rudolstadt 1924. »Rotes Herz der Erde. Ausgewählte Balladen, Gedichte, Gesänge«, Berlin 1929. »Vom schwarzen Revier zur neuen Welt. Gesammelte Gedichte«, hrsg. v. Henry A. Smith, Frankfurt 1983.
»Gegen Morgen«: aus der Zeitschrift »Der Sturm« II, 1911/12. – »Fabrikstraße tags«, »Einfahrt«, »Im Dämmer« und »Fräser«: aus »Das schwarze Revier«, 1913.

Alfred Wolfenstein

Geboren am 28. 12. 1883 in Halle an der Saale. Verbrachte seine Jugend in Berlin. Studium der Jurisprudenz und Abschluß mit der Promotion. Von 1916 bis 1922 als freier Schriftsteller in München, dann wieder in Berlin. Konnte der Verhaftung durch die Nazis 1933 durch die Flucht nach Prag entkommen. Bei Einmarsch der deutschen Truppen über die Tschechoslowakei nach Paris. Seit 1939 auch dort unentwegt auf der Flucht vor Zugriff der Gestapo. Für drei Monate in Haft und, nach seiner Entlassung, in Südfrankreich im Untergrund lebend. Kehrte unter falschem Namen nach Paris zurück und nahm sich, herzleidend und nervenkrank, am 22. 1. 1945 das Leben.

Werke: »Die gottlosen Jahre«, Berlin 1914. »Die Freundschaft. Neue Gedichte«, Berlin 1917. »Menschlicher Kämpfer. Ein Buch ausgewählter Gedichte«, Berlin 1919. »Werke«, hrsg. v. Herman Haarmann u. Günter Holtz, Band 1: Gedichte, Mainz 1982.
»Städter«: aus »Die gottlosen Jahre«, 1914. – »Bestienhaus«: aus der Zeitschrift »Die Aktion«, 3. Februar 1912. – »Kameraden!«: aus »Menschlicher Kämpfer«, 1919.

Max Herrmann-Neisse

Geboren am 23. 5. 1886 als Sohn eines Gastwirts und Kaufmanns in Neiße/Schlesien. Von Geburt an verkrüppelt. Studium der Kunstgeschichte und Germanistik in München und Breslau. 1917 Übersiedlung nach Berlin. Dort als freier Schriftsteller und Kritiker tätig. Mitarbeit an den Zeitschriften »Die Aktion«, »Die weißen Blätter« und »Pan«. In den zwanziger Jahren einer der bekanntesten Literaten, erhielt er 1924 den Eichendorff-Preis, 1927 den Gerhart-Hauptmann-Preis. Emigrierte 1933 in die Schweiz, dann über Holland und Frankreich nach London, wo er am 8. April 1941 starb.

Werke: »Das Buch Franziskus«, Berlin 1911. »Porträte des Provinztheaters«, Berlin 1913. »Sie und die Stadt«, Berlin 1914. »Empörung, Andacht, Ewigkeit«, Leipzig 1917/18. »Verbannung«, Berlin 1919. »Die Preisgabe«, München 1919. »Im Stern des Schmerzes«, Berlin 1924. »Gesammelte Werke in 10 Bänden«, hrsg. v. Klaus Völker. Bde. 1–4: Gedichte, Frankfurt 1986 u. 1988.

»Sonntagnacht auf meiner Gasse« und »Früher Lenz«: aus »Sie und die Stadt«, 1914. – »Der kleine Mann« und »Der Zauberkünstler«: aus »Die Preisgabe«, 1919. – »Laß deine Zunge mir im Munde flattern«: aus der Zeitschrift »Pan« 2 (1911/12). – »Ein Abend ist vertan – ein Tag zerschlagen...«: aus der Zeitschrift »Die Weißen Blätter« III, 5 (1918).

Oskar Loerke

Geboren am 13. 3. 1884 als Sohn eines Bauern in Jungen (Westpreußen). Besuch des Gymnasiums in Graudenz. Nach abgebrochener Forst- und Landwirtschaftslehre (1903) Studium der Germanistik, Geschichte, Musik und Philosophie in Berlin. Freier Schriftsteller und Dramaturg beim Bühnenvertrieb E. Bloch. 1913 Kleist-Preis. Seit 1927 Lektor des S. Fischer-Verlages. Befreundet mit Hermann Hesse, Hermann Kasack und Wilhelm Lehmann. Gestorben am 24. 2. 1941 in Berlin.

Werke: »Wanderschaft«, Berlin 1911. »Gedichte«, Berlin 1916 (unter dem Titel »Pansmusik« 1929 neu veröffentlicht). »Die heimliche Stadt«, Berlin 1921. – »Gedichte und Prosa«, hrsg. v. Peter Suhrkamp, Frankfurt a.M. 1958. »Die Gedichte«, rev. Textfassung v. Reinhard Tgahrt, Frankfurt 1983.
»Die Einzelpappel«, »Tote Tage« und Paternosterwerk«: aus »Wanderschaft«, 1911. – »Pansmusik« und »Totenvögel«: aus »Pansmusik«, 1916.

Ernst Wilhelm Lotz

Geboren 1890 in Culm an der Weichsel. Lebte in Wahlstadt, Karlsruhe, Plön. Zunächst im Kadettenkorps Lichterfelde, wurde er mit 17 Jahren Fähnrich im Infanterieregiment 143 zu Hamburg. Nach Besuch der Kriegsschule Kassel Leutnant. Nahm nach anderthalb Jahren den Abschied, um freier Schriftsteller zu werden. Fiel am 26. September 1914 als Kompanieführer an der Westfront.

Werke: »Und schöne Raubtierflecken«, Berlin 1923. »Wolkenüberflaggt«, Leipzig 1917.
Sämtliche Gedichte aus »Wolkenüberflaggt«, 1917.

Yvan Goll

Wurde am 29. 3. 1891 als Sohn eines Elsässers und einer Lothringerin in Saint-Dié geboren. Besuchte das Gymnasium in Metz und studierte in Straßburg und Paris. 1912 Promotion zum Dr. phil. Während des ersten Weltkrieges in der Schweiz. Seit 1919 in Paris. Stand der surrealistischen Bewegung nahe. 1939 Emigration nach New York. Gründete dort die Zeitschrift »Hémisphères«. 1947 Rückkehr nach Paris, wo er am 14. 3. 1950 an Leukämie starb.

Werke: »Lothringische Volkslieder«, Metz 1912. »Der Panamakanal«, Berlin 1912 (unter dem Pseudonym Iwan Lassang). »Requiem. Für die Gefallenen von Europa«, Zürich 1917. »Der neue Orpheus. Eine Dithyrambe«, Berlin 1918. »Der Torso. Stanzen und Dithyramben«, München 1918. »Dithyramben«, Leipzig 1918. »Die Unterwelt«, Berlin 1919. »Astral. Ein Gesang«, Dresden 1920. »Der Eiffelturm. Gesammelte Dichtungen«, Berlin 1924, »Dichtun-

gen«, hrsg. v. Claire Goll, Neuwied 1960. »Malaiische Liebeslieder«, Ebenhausen 1967. »Traumkraut«, Wiesbaden 1982. »Jean sans Terre«, Ebenhausen 1990.
»Unterwelt«: aus der Zeitschrift »Die Aktion«, 6. Oktober 1917. – »Der Torso«: aus der Zeitschrift »Die Aktion«, 26. Januar 1918.

Albert Ehrenstein

Geboren am 23. 12. 1886 als Sohn ungarisch-jüdischer Eltern in Wien. Studium der Geschichte und Philologie. 1910 Promotion. Erste Förderungen durch Karl Kraus, mit dem er sich aber zerstritt. Später in Berlin, wo er sich dem »Sturm«-Kreis anschloß. Freier Schriftsteller und Literaturkritiker. Ausgedehnte Reisen durch Europa und nach Afrika und Asien. Ende 1932 Emigration in die Schweiz. 1941 in die USA, wo er am 8. 4. 1950 in einem New Yorker Armenhospital starb.

Werke: »Die weiße Zeit«, München 1914. »Der Mensch schreit«, Leipzig 1916. »Die rote Zeit«, Berlin 1917. »Den ermordeten Brüdern«, Zürich 1919. »Die Gedichte«, Leipzig-Prag-Wien 1920. »Die Nacht wird«, Wien-Berlin 1919. »Dem ewigen Olymp. Novellen und Gedichte«, Leipzig 1921. »Wien«, Berlin 1921. »Herbst«, Berlin 1923. »Mein Lied. Gedichte 1900–1931«, Leipzig 1931. – »Gedichte und Prosa«, hrsg. v. Karl Otten, Neuwied 1961. »Werke«, hrsg. v. Hanni Mittelmann, Bd. 4: Gedichte, München 1993.
»Der Kriegsgott«, »Heimkehr«, Ruhm« und »Ich bin des Lebens und des Todes müde«: aus »Die weiße Zeit«, 1914. – »Auf« und »Der Erlöser«: aus »Den ermordeten Brüdern«, 1919. – »Leid«: aus der Zeitschrift »Der Brenner«, 4/1914.

Wilhelm Klemm

Geboren am 15. 5. 1881 als Sohn eines Buchhändlers in Leipzig. Studium der Medizin in München, Erlangen, Leipzig, Kiel. 1905 Promotion. 1909, nach dem Tode des Vaters, Übernahme der Firma Otto Klemm. Während des Weltkriegs Oberarzt an der Westfront. 1919 Übernahme der Kommissionsbuchhandlung Carl Friedrich Fleischer. 1921–37 geschäftsführender Gesellschafter der Firma Alfred Kröner. 1927 Erwerb der Dieterichschen Verlagsbuchhandlung. Seit 1922 Verzicht auf literarische Veröffentlichungen. Politische Verfolgung durch die Nazis. Lebte nach dem Kriege in Wiesbaden, wo er am 23. 1. 1968 starb.

Werke: »Gloria. Kriegsgedichte aus dem Feld«, München 1915. »Verse und Bilder«, Berlin 1916. »Aufforderung. Gesammelte Verse«, Berlin 1917. »Ergriffenheit«, München 1919. »Entfaltung«, Frankfurt a. M. 1919. »Traumschutt«, Hannover 1920. »Verzauberte Ziele«, Berlin 1921. »Die Satanspuppe«, Hannover 1922. »Ich lag in fremder Stube. Gesammelte Gedichte«, hrsg. v. Hanns-Josef Ortheil, München 1981.
»Verse«, »Sehnsucht«, »Terra nova«, »Meine Zeit« und »Lied«: aus »Aufforderung«, 1917. – »Schlacht an der Marne«: aus der Zeitschrift »Die Aktion«, 24. Oktober 1914. – »Schlacht am Nachmittag«: aus der Zeitschrift »Die Aktion«, 2. Januar 1915.

August Stramm

Geboren am 29. 7. 1874 als Sohn eines Bahnbeamten in Münster. Ging auf Wunsch des Vaters in den Postdienst, wurde Postinspektor in Bremen, später in Berlin. Dort zuletzt Postdirektor im Reichspostministerium. Studierte nebenher in Berlin und Halle, wo er 1913 zum Dr. phil. promovierte. Freundschaft mit Herwarth und Nell Walden und Mitarbeit beim »Sturm«. Bei Ausbruch des Weltkriegs als Hauptmann der Reserve an die Ostfront. Am 1. 9. 1915 bei Horodec in Rußland gefallen.

Werke: »Rudimentär«, Berlin 1914. »Du. Liebesgedichte«, Berlin 1915. »Die Menschheit«, Berlin 1915. »Dichtungen«, 2 Bde., Berlin 1918. »Tropfblut. Nachgelassene Geschichte«, Berlin 1919. »Das Werk«, hrsg. v. René Radrizzani, Wiesbaden. 1963. »Die Dichtungen. Sämtliche Gedichte«, hrsg. v. Jeremy Adler, München 1990.
»Abendgang«: aus der Zeitschrift »Der Sturm« V, 15, 16/1914. – »Freudenhaus«: aus der Zeitschrift »Der Sturm« V, 6/1914. – »Wacht«: aus der Zeitschrift »Der Sturm« VI, 3, 4/1915. – »Patrouille«: aus der Zeitschrift »Der Sturm« VI, 7, 8/1915. – »Kriegsgrab«: aus der Zeitschrift »Der Sturm« VI, 11, 12/1915. – »Der Ritt«: aus der Zeitschrift »Der Sturm« V, 1914/15. – »Untreu«: aus der Zeitschrift »Der Sturm« V, 6/1914.

Von folgenden Verlagen und Erben erhielten wir die Abdruckgenehmigung:

Wilhelm Klemm: Ilse Riepl-Klemm, Wiesbaden. – *Yvan Goll:* Claire Goll, Paris. – *Osakr Loerke:* Suhrkamp Verlag, Frankfurt a. M. (aus »Gedichte und Prosa«, 1958). – *Georg Heym:* Verlag Heinrich Ellermann, München (aus »Dichtungen und Schriften, Bd. 1: Lyrik. Hrsg. von Karl Ludwig Schneider, 1964). – *Ernst Stadler:* Verlag Heinrich Ellermann, München (aus »Dichtungen«, 1954). – *Alfred Wolfenstein:* S. Fischer Verlag, Frankfurt am Main. – *Albert Ehrenstein:* Hermann Luchterhand Verlag, Darmstadt (aus »Gedichte und Prosa«, 1961). – *Franz Werfel:* S. Fischer Verlag, Frankfurt am Main (aus »Das lyrische Werk«, 1967). – *Else Lasker-Schüler:* Kösel-Verlag, München (aus »Gesammelte Werke«, Band 1. Gedichte 1902–1943, 1961). – *Jakob van Hoddis:* Verlag »Die Arche«, Zürich (aus »Weltende«, 1958). – *Alfred Lichtenstein:* Verlag »Die Arche«, Zürich (aus »Gesammelte Gedichte«, 1962). – *Ferdinand Hardekopf:* Verlag »Die Arche«, Zürich (aus »Gesammelte Dichtungen«, 1963). – *Max Herrmann-Neiße:* Albert Langen Georg Müller Verlag, München (aus »Lied der Einsamkeit«). – *Gottfried Benn:* Limes Verlag, Wiesbaden (aus »Gesammelte Werke«, Band 3: Gedichte. Hrsg. von Dieter Wellershoff, 1960). – *August Stramm:* Limes Verlag, Wiesbaden (aus »Das Werk«, 1963). – *Johannes R. Becher:* Aufbau Verlag, Berlin (aus »Ausgewählte Gedichte«, Band 1–12, 1966/69). *Georg Trakl:* Otto Müller Verlag, Salzburg (aus »Dichtungen und Briefe«, 1969). – *Ernst Blass:* Thomas B. Schumann, Efferen/Köln.